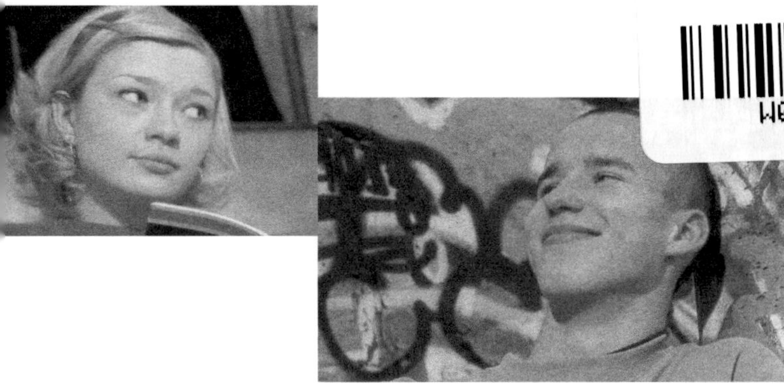

PHYSIK

Physik I

Klassische Mechanik und Elektrizitätslehre

ISBN 3-411-70211-7

Physik II

Schwingungen und Wellen – Quantenphysik – Atome und Kerne

ISBN 3-411-70221-4

BIOLOGIE

Nervensystem und Sinnesorgane

Grundwissen und Prüfungsvorbereitung

ISBN 3-411-04153-6

Stoffwechsel und Energieumsatz

Grundwissen und Prüfungsvorbereitung

ISBN 3-411-04283-4

Genetik

Grundwissen und Prüfungsvorbereitung

ISBN 3-411-05473-5

CHEMIE

Chemie I

Allgemeine Chemie – Grundwissen und Prüfungsvorbereitung

ISBN 3-411-04623-6

Chemie II

Organische Chemie – Grundwissen und Prüfungsvorbereitung

ISBN 3-411-70863-8

KUNST

Kunstgeschichte I

Von den Anfängen bis zum 18. Jahrhundert

ISBN 3-411-04143-9

Kunstgeschichte II

19. bis 20. Jahrhundert

ISBN 3-411-04193-5

GESCHICHTE

Geschichte I

Von der Französischen Revolution bis zur Grundlegung der bipolaren Welt (1918)

ISBN 3-411-71122-1

Geschichte II

Von der Weimarer Republik bis zur Europäischen Union

ISBN 3-411-71132-9

Duden Abiturhilfen

Erzählende Prosatexte analysieren

Grundbegriffe und Methoden,
Beispiele und Übungen

von Reinhard Marquaß

2., aktualisierte Auflage

11. bis 13. Klasse

Dudenverlag
Mannheim · Leipzig · Wien · Zürich

Bibliografische Information der Deutschen Bibliothek
Die Deutsche Bibliothek verzeichnet diese Publikation in der Deutschen Nationalbibliografie; detaillierte bibliografische Daten sind im Internet über http://dnb.ddb.de abrufbar.

 D C B
Redaktion: Martin Bergmann, Ulrike Lutz
Herstellung: Inge Ohrnberger
Satz: gag, grafische ateliergemeinschaft, Mannheim
Umschlagkonzept: Bender & Büwendt, Berlin
Umschlagfoto: Ulf Dieter, Berlin
Druck und Bindung: Appl, Wemding
Printed in Germany
ISBN 3-411-05642-8

Eine der häufigsten Aufgaben im Deutschunterricht der Sekundarstufe II besteht darin, erzählende Prosatexte (Parabeln, Kurzgeschichten, Romanausschnitte usw.) zu analysieren. Dies geschieht im Unterrichtsgespräch, in Hausaufgaben, Gruppenarbeiten, Klausuren und Abiturprüfungen.

Wer solche Textanalysen durchführen will, braucht einige fachspezifische Grundbegriffe und Verfahrensweisen. Und er muss sie richtig und sicher anwenden können. Nicht nur für die Bewertung von Klausuren spielt es eine entscheidende Rolle, ob man solche Kentnisse und Fähigkeiten unter Beweis stellt und damit zeigt, dass man mit Texten umgehen kann.

Dieses Buch ist daher so konzipiert, dass es in zweierlei Weise genutzt werden kann:
Zum Nachschlagen und Wiederholen, denn hier werden die wichtigsten Grundbegriffe und Fragestellungen, die bei der Erschließung erzählender Texte benötigt werden, in konzentrierter und systematischer Form zusammengestellt. Im Text- und Lösungsteil finden sich dazu viele Anwendungsbeispiele.
Als ausführlicher Lehrgang für denjenigen, der sich selbstständig in das Fachgebiet einarbeiten will. Deshalb wird das Basiswissen in einzelnen, überschaubaren Schritten so entwickelt, dass es unmittelbar angewendet werden kann. Zu jedem Aspekt werden Übungsaufgaben angeboten. So können die dargestellten Begriffe und Verfahren bei der Analyse der beigefügten Beispieltexte erlernt und geübt werden. Anhand der ausführlichen Lösungsvorschläge können die eigenen Arbeitsergebnisse überprüft werden.

Das Buch ist in neuer Rechtschreibung verfasst. Farbig hinterlegte Quellentexte, also Originaltexte, werden in alter Rechtschreibung wiedergegeben.
Das gilt auch für die Zitate in den Lösungsvorschlägen.

Der vorliegende Band besteht aus fünf Kapiteln, die aufeinander aufbauen:
Im **1. Kapitel** wird gezeigt, wie man einen Text aufgrund seiner Erzählweise und seiner Zeitstruktur in einzelne Teile gliedern kann.
Im **2. Kapitel** wird erklärt, worauf bei der Analyse des Inhalts bzw. des Stoffs zu achten ist.
Im **3. Kapitel** geht es um die verschiedenen Möglichkeiten des Erzählerverhaltens und der Perspektive.

Vorwort

Im **4. Kapitel** wird nach den Bau- und Stilelementen gefragt, die einen Text zu einem geschlossenen Ganzen werden lassen.
Im **5. Kapitel** wird gezeigt, wie man unter Klausurbedingungen eine Textanalyse schreiben kann.

Jedes Kapitel bietet:

- die begrifflichen Grundlagen in einfachen, trennscharfen Definitionen,
- Leitfragen und Arbeitsschritte, in denen das Verfahren am Ende des Kapitels zusammengefasst wird,
- gezielte Arbeitsaufgaben, die zur selbstständigen Auseinandersetzung mit diesen Sachverhalten an geeigneten Beispieltexten auffordern,
- detaillierte Lösungsvorschläge, um die eigenen Analysen überprüfen zu können.

Das Buch ist in neuer Rechtschreibung verfasst. Farbig hinterlegte Quellentexte, also Originaltexte, werden in alter Rechtschreibung wiedergegeben. Das gilt auch für Zitate in den Lösungsvorschlägen.

Der besseren Orientierung dienen Vignetten:

Aufgaben ⟶

Lösungen ⟶ 

Autor und Redaktion
Mannheim, im Januar 2002

Kapitel

Kapitel 1

Die Gliederung

Wer ein Drama wie Schillers „Maria Stuart“ liest, sieht deutlich, dass der Dramentext aus vielen einzelnen Teilen besteht. Es gibt fünf Akte, die wiederum bis zu 15 voneinander getrennte Szenen enthalten; und innerhalb der Szenen wechseln Sprechtext und kursiv gedruckte Regieanweisungen. Ebenso stößt jemand, der ein Gedicht liest, gewöhnlich auf eine Einteilung in Strophen, die wiederum in Verse gegliedert sind.
Auch ein erzählender Text setzt sich aus verschiedenen Teilen zusammen, allerdings ist diese Gliederung nicht so leicht zu erkennen. Selbst eine grobe Einteilung in Kapitel fehlt häufig. Die einzelnen „Bausteine“, aus denen sich der Text zusammensetzt und die als Erzähleinheiten, Episoden, Erzählphasen oder Sequenzen bezeichnet werden, müssen bei einer Analyse erst identifiziert werden. Dazu ist es erforderlich, die verschiedenen Erzählweisen in einem Text und seine Zeitstruktur zu untersuchen.

1.1 Formen der Erzählerrede

Im Jahre 1807 bekam Johann Peter Hebel, ein Theologe und Lehrer am Karlsruher Gymnasium, den Auftrag, einen Kalender für die Landbevölkerung herauszugeben. In diesem Kalender mit dem Titel „Der Rheinländische Hausfreund“ veröffentlichte Hebel eine Fülle von Anekdoten und kleinen Erzählungen, darunter auch eine kleine Geschichte aus dem von französischen Truppen besetzten Schlesien.

Text 1

Johann Peter Hebel: Untreue schlägt den eigenen Herrn (1811)

Als in dem Krieg zwischen Frankreich und Preußen ein Teil der französischen Armee nach Schlesien einrückte, waren auch Truppen vom rheinischen Bundesheer dabei, und ein bayerischer oder württembergischer Offizier wurde zu einem Edelmann einquartiert, und bekam eine Stube zur Wohnung, wo viele sehr schöne und kostbare Gemälde hingen. Der Offizier schien recht große Freude daran zu haben, und als er etliche Tage bei diesem Mann gewesen und freundlich behandelt worden war, verlangte er einmal von seinem Hauswirt, daß er ihm eins von diesen Gemälden zum Andenken schenken möchte. Der Hauswirt sagte, daß er das mit Vergnügen tun wollte, und stellte seinem Gaste frei, dasjenige selber zu wählen, welches ihm die größte Freude machen könnte. Nun, wenn man die Wahl hat, sich selber ein Geschenk von jemand auszusuchen, so erfordern Verstand und Artigkeit, daß man nicht gerade das Vornehmste und Kostbarste wegnehme, und so ist es auch nicht gemeint. Daran schien dieser Mann auch zu denken, denn er wählte unter allen Gemälden fast das schlechteste. Aber das war unserem schlesischen Edelmann nichtsdestolieber, und er hätte ihm gern das kostbarste dafür gelassen. „Mein Herr Obrist“, so sprach er mit sichtbarer Unruhe, „warum wollen Sie gerade das geringste wählen, das mir noch dazu wegen einer andern Ursache wert ist? Nehmen Sie doch lieber dieses hier oder jenes dort." Der Offizier gab aber darauf kein Gehör, schien auch nicht zu merken, daß sein Hauswirt immer mehr und mehr in Angst geriet, sondern nahm geradezu das gewählte Gemälde herunter. Jetzt erschien an der Mauer, wo dasselbe gewesen war, ein großer feuchter Fleck. „Was soll das sein?" sprach der Offizier, wie entzürnt, zu seinem totblassen Wirt, tat einen Stoß, und auf einmal fielen ein paar frisch gemauerte und übertünchte Backsteine zusammen, hinter welchen alles Geld und Gold und Silber des Edelmanns eingemauert war. Der gute Mann hielt nun sein Eigentum für verloren, wenigstens erwartete er, daß der feindliche Kriegsmann eine namhafte Teilung ohne Inventarium und ohne Commissarius vornehmen werde, ergab sich geduldig darein, und verlangte nur von ihm zu erfahren, woher er habe wissen können, daß hinter diesem Gemälde sein Geld in der Mauer verborgen war. Der Offizier erwiderte: „Ich werde den Entdecker sogleich holen lassen, dem ich ohnehin eine Belohnung schuldig bin"; und in kurzer Zeit brachte sein Bedienter – sollte man's glauben – den Maurermeister selber, den nämlichen, der die Vertiefung in der Mauer zugemauert und die Bezahlung dafür erhalten hatte.

Das ist nun einer von den größten Spitzbubenstreichen, die der Satan auf ein Sündenregister setzen kann. Denn ein Handwerksmann ist seinen Kunden die größte Treue, und in Geheimnissen, wenn es nichts Unrechtes ist, so viel Verschwiegenheit schuldig, als wenn er einen Eid darauf hätte.

Aber was tut man nicht um des Geldes willen! Oft gerade das nämliche, was man um der Schläge, oder um des Zuchthauses willen tut, oder für den Galgen, obgleich ein großer Unterschied dazwischen ist. So etwas erfuhr unser Meister Spitzbub. Denn der brave Offizier ließ ihn jetzt hinaus vor die Stube führen, und ihm von frischer Hand 100, sage hundert Prügel bar ausbezahlen, lauter gute Valuta, und war kein einziger falsch darunter. Dem Edelmann aber gab er unbetastet sein Eigentum zurück.

– Das wollen wir beides gutheißen, und wünschen, daß jedem, der Einquartierung haben muß, ein so rechtschaffener Gast, und jedem Verräter eine solche Belohnung zuteil werden möge.

Aufgabe 1

Geben Sie den Inhalt der Geschichte wieder. (Beachten Sie, dass Inhaltsangaben und Textanalysen in der Gegenwartsform geschrieben werden.) Überlegen Sie, welche Abschnitte Sie bei der Inhaltsangabe berücksichtigen und welche nicht. Welche Teile der Handlung können Sie stärker verkürzen, welche weniger?

Es ist deutlich, dass Hebel manche Abschnitte der Handlung ausführlicher erzählt als andere. Außerdem berichtet er nicht ausschließlich von der Handlung, sondern unterbricht diese stellenweise, um dem Leser etwas mitzuteilen. Er bedient sich unterschiedlicher Erzählweisen. Der Begriff **Erzählweisen** dient als Sammelbegriff für die unterschiedlichen Formen der Erzählerrede und der Figurenrede (vgl. hierzu Abschnitt 1.3). Zunächst sollen die Formen der Erzählerrede erläutert werden:
Wenn jemand eine Geschichte erzählt, kann dies in unterschiedlicher Art geschehen. Man unterscheidet zwei Erzählweisen, in denen man von den

zeitlichen Abläufen (also dem Geschehen bzw. der Handlung) berichten kann, und zwei weitere Erzählweisen, in denen sich der Erzähler vom zeitlichen Ablauf der Handlung löst. Es gibt also insgesamt vier Formen der Erzählerrede.

Berichtet der Erzähler vom Geschehen, zu dem neben den äußeren Handlungsabläufen auch die innere Handlung (Gedanken, Gefühle, vgl. Abschnitt 2.1) zu rechnen ist, kann er dies tun in Form eines

- **raffenden Berichts,** d. h., die Handlung wird straff und in starker Zeitraffung wiedergegeben, das Geschehen wird nur in Umrissen dargestellt, oder einer
- **szenischen Darstellung,** d. h., das Geschehen wird ausführlich, detailliert, zeitdeckend oder nur in geringer Zeitraffung wiedergegeben, häufig enthalten ist Figurenrede.

Ein Erzähler muss aber nicht ständig vom Ablauf des Geschehens erzählen, sondern er kann die Handlung auch für eine gewisse Zeit ruhen lassen. In diesen Handlungspausen kann seine Redeweise dann gestaltet sein als

- **Kommentar (Erörterung),** d. h., der Erzähler nutzt die Handlungsunterbrechung für ausführlichere Äußerungen allgemeiner Art, mit denen er zu dem, was er erzählt, Stellung nimmt, oder als
- **Beschreibung,** d. h., der Zustand einer Person oder einer Sache wird ausführlich dargestellt, während die Handlung stillsteht.

Beschreibende oder wertende Äußerungen finden sich allerdings auch in großer Zahl innerhalb der raffenden Berichte und szenischen Darstellungen, ohne dass beim Leser der Eindruck entsteht, dass die Handlung unterbrochen würde. Solche kurzen Aussagen werden vom Erzähler mittels Adjektiven, Relativsätzen usw. in die Darstellung des Geschehens integriert. Von Handlungspausen sollte man erst sprechen, wenn Kommentare oder Beschreibungen sich verselbstständigen, also mindestens einen Satz ausmachen.

Aufgabe 2
Markieren Sie in Text 1 die Textteile, in denen der Erzähler den Handlungsablauf anhält und sich in diesen Handlungspausen an den Leser wendet.

Aufgabe 3

Vergleichen Sie in Text 1 die Z. 24–57 und 74–81 hinsichtlich der Ausführlichkeit der Darstellung.

Im Januar 1808 erschien in einer Nürnberger Zeitung ein kleiner Bericht über ein Ereignis im französisch besetzten Berlin. – Dieser Artikel wurde dann unabhängig voneinander sowohl von Johann Peter Hebel für seinen Kalender „Der Rheinländische Hausfreund“ (Jahrgang 1809) als auch von Heinrich von Kleist für seine Zeitung „Berliner Abendblätter“ (3. 10. 1809) bearbeitet. Die beiden Fassungen zeigen auffällige Unterschiede in der Erzählweise.

Text 2

Johann Peter Hebel: Schlechter Lohn (1809)

Als im letzten preußischen Krieg der Franzos nach Berlin kam, in die Residenzstadt des Königs von Preußen, da wurde unter anderm viel königliches Eigentum weggenommen, und fortgeführt oder verkauft. Denn der Krieg bringt nichts, er holt. Was noch so gut verborgen war, wurde entdeckt und manches davon zu Beute gemacht, doch nicht alles. Ein großer Vorrat von königlichem Bauholz blieb lange unverraten und unversehrt. Doch kam zuletzt noch ein Spitzbube von des Königs eigenen Untertanen, dachte, da ist ein gutes Trinkgeld zu verdienen, und zeigte dem französischen Kommandanten mit schmunzlicher Miene und spitzbübischen Augen an, was für ein schönes Quantum von eichenen und tannenen Baustämmen noch da und da beisammenliege, woraus manch tausend Gulden zu lösen wäre. Aber der brave Kommandant gab schlechten Dank für die Verräterei, und sagte: „Laßt Ihr die schönen Baustämme nur liegen, wo sie sind. Man muß dem Feind nicht sein Notwendigstes nehmen. Denn wenn Euer König wieder ins Land kommt, so braucht er Holz zu neuen Galgen für so ehrliche Untertanen, wie Ihr einer seid.“
Das muß der rheinländische Hausfreund loben, und wollte gern aus seinem eigenen Wald ein paar Stämmlein auch hergeben, wenn's fehlen sollte.

Text 3

Heinrich von Kleist: Franzosen-Billigkeit
(wert in Erz gegraben zu werden) (1809)

Zu dem französischen General Hulin kam, während des Kriegs, ein … Bürger, und gab, behufs einer kriegsrechtlichen Beschlagnehmung, zu des Feindes Besten, eine Anzahl, im Pontonhof liegender, Stämme an. Der General, der sich eben anzog, sagte: Nein, mein Freund; diese Stämme können wir nicht nehmen.“ – „Warum nicht?“ fragte der Bürger. „Es ist königliches Eigentum.“ – „Eben darum“, sprach der General, indem er ihn flüchtig ansah. „Der König von Preußen braucht dergleichen Stämme, um solche Schurken daran hängen zu lassen, wie er.“ –

Aufgabe 4
Stellen Sie fest, welche Formen der Erzählerrede Hebel und Kleist jeweils verwenden.

Aufgabe 5
Überlegen Sie, wie die Bevorzugung bestimmter Erzählweisen mit dem Bild zusammenhängt, das sich der jeweilige Autor von seinem Publikum macht.

Wichtige Teile des Geschehens werden gewöhnlich szenisch, also wenig gerafft und ausführlich, erzählt. Episoden, die dem Erzähler weniger wichtig sind, werden demgegenüber in raffenden Berichten zusammengefasst. In dem folgenden Übungstext wechselt der Erzähler zwischen raffendem Bericht und szenischer Darstellung; außerdem finden sich darin ein Kommentar und eine Beschreibung.

Text 4
Begegnung um Mitternacht (erste Fassung)

Nach der Tagesschau verabschiedete sich Oliver von seinen Eltern und fuhr zu seiner Stammkneipe an der Herner Straße. Seine Freunde warteten schon auf ihn und begrüßten ihn mit einem großen Hallo. Beim Knobeln hatte er heute kein Glück, so daß es ein teurer Abend für ihn wurde.

Als er gegen Mitternacht wieder auf der Straße stand, hatte sich das Wetter verändert. Es war unangenehm kalt, und leichter Nieselregen wehte ihm ins Gesicht, als er beim Möbelmarkt in das Gewerbegebiet einbog.

Trotzdem war er ganz froh, daß er den Vorschlag des Wirts, ein Taxi zu rufen, abgelehnt hatte und den Heimweg zu Fuß zurücklegte. Es ist natürlich ein Zeichen von Vernunft, daß es ihm erst gar nicht in den Sinn gekommen war, sich in seinen nagelneuen Wagen zu setzen. Andererseits ist es auch nicht klug, nachts allein durch diese Gegend zu gehen, wenn man Gesundheit und Brieftasche behalten will. Oliver war dies Risiko aber eingegangen, und dies sollte ihm in den nächsten Tagen noch oft leid tun.

Er hatte sich seiner Wohnung in der Schöllmannstraße bis auf einige hundert Meter genähert, als die Kirchenglocken ansetzten, zwölfmal zu schlagen. Unwillkürlich hatte Oliver seinen Schritt beschleunigt. Kurz vor der Haustür griff er in die Jackentasche, um seinen Schlüssel zu suchen. Dabei übersah er ganz, wie sich langsam ein schattenhafter Umriß aus der Einfahrt neben dem Haus löste.

Diese Einfahrt war vor vierzig Jahren für den Verkaufswagen des Metzgers angelegt worden, als dieser noch seine Wurstküche im Erdgeschoß hatte. Seit dem Tod des Metzgers standen diese Räume aber leer, wegen des unauslöschlichen Geruchs hatte sich nie ein Mieter finden lassen. Der einzige Zugang, eine rostige Stahltür am Ende der Einfahrt, war seit Jahren nicht mehr geöffnet worden. Vor ihr hatten nun die Mülltonnen ihren Platz gefunden. Umgeben von allerlei Unrat waren sie ein Treffpunkt für die Katzen der Umgebung.

Nun trat eine dunkel gekleidete, große Gestalt aus der Einfahrt, war mit zwei Schritten hinter Oliver und schlug ihm einen Schraubenschlüssel über den Kopf. Oliver versank in watteweicher Dunkelheit. (…)

Aufgabe 6

Unterscheiden Sie die verschiedenen Formen der Erzählerrede in diesem Text.

1.2 Zeitstruktur

Thomas Mann erzählt in seinem Roman „Buddenbrooks“ von Aufstieg und Fall einer Lübecker Familie im 19. Jahrhundert. Die „Reitergeschichte“ von Hugo von Hofmannsthal hat einen Vorfall aus den kriegerischen Auseinandersetzungen zwischen Österreich und Italien zum Thema. Vergleicht man die beiden Textanfänge, fallen Unterschiede beim Ablauf der Zeit auf. – Da beide Ausschnitte etwa gleich lang sind, kann man davon ausgehen, dass der Leser etwa die gleiche Zeit braucht, um sie zu lesen. Die Zeitdauer, die die Handlung in den beiden Textstücken umfasst, ist hingegen recht unterschiedlich.

Text 5

Hugo von Hofmannsthal: Reitergeschichte (1899)

In: H.v.H.: Erzählungen. (c) S. Fischer Verlag Frankfurt am Main, 1986.

Den 22. Juli 1848, vor 6 Uhr morgens, verließ ein Streifkommando, die zweite Eskadron von Wallmodenkürassieren, Rittmeister Baron Rofrano mit einhundertsieben Reitern, das Kasino San Alessandro und ritt gegen Mailand. Über der freien, glänzenden Landschaft lag eine unbeschreibliche Stille; von den Gipfeln der fernen Berge stiegen Morgenwolken wie stille Rauchwolken gegen den leuchtenden Himmel; der Mais stand regungslos, und zwischen Baumgruppen, die aussahen wie gewaschen, glänzten Landhäuser und Kirchen her. Kaum hatte das Streifkommando die äußerste Vorpostenlinie der eigenen Armee etwa um eine Meile hinter sich gelassen, als zwischen den Maisfeldern Waffen aufblitzten und die Avantgarde feindliche Fußtruppen meldete. Die Schwadron formierte sich neben der Landstraße zur Attacke, wurde von eigentümlich lauten, fast miauenden Kugeln überschwirrt, attackierte querfeldein und trieb einen Trupp ungleichmäßig bewaffneter Menschen wie die Wachteln vor sich her. Es waren Leute der Legion Manaras, mit sonderbaren Kopfbedeckungen. Die Gefangenen wurden einem Korporal und acht Gemeinen übergeben und nach rückwärts geschickt. Vor einer schönen Villa, deren Zufahrt uralte Zypressen flankierten, meldete die Avantgarde verdächtige Gestalten. Der Wachtmeister Anton Lerch saß ab, nahm zwölf mit Karabinern bewaffnete Leute, umstellte die Fenster und nahm achtzehn Studenten der Pisaner Legion gefangen, wohlerzogene und hübsche junge Leute mit weißen Händen und halblangem Haar. Eine halbe Stunde später hob die Schwadron einen Mann auf, der in der Tracht eines Bergamasken vorüberging und durch sein allzu harmloses und unscheinbares Auftreten verdächtig wurde. Der Mann trug im Rockfutter eingenäht die wichtigsten Detailpläne, die Errichtung von Freikorps in den Guidikarien und deren Kooperation mit der piemontesischen Armee betreffend. Gegen 10 Uhr vormittags fiel dem Streifkommando eine Herde Vieh in die Hände. …

Text 6

Thomas Mann: Buddenbrooks (1901)

(c) S. Fischer Verlag Frankfurt am Main, 1960, S. 9 f.

„Was ist das. – Was – ist das …"

„Je, den Düwel ook, c'est la question, ma très chère demoiselle!"

Die Konsulin Buddenbrook, neben ihrer Schwiegermutter auf dem geradlinigen, weißlackierten und mit einem goldenen Löwenkopf verzierten Sofa, dessen Polster hellgelb überzogen waren, warf einen Blick auf ihren Gatten, der in einem Armsessel bei ihr saß, und kam ihrer kleinen Tochter zu Hilfe, die der Großvater am Fenster auf den Knien hielt.

„Tony!" sagte sie, „ich glaube, daß mich Gott – "

Und die kleine Antonie, achtjährig und zartgebaut, in einem Kleidchen aus ganz leichter changierender Seide, den hübschen Blondkopf ein wenig vom Gesichte des Großvaters abgewandt, blickte aus ihren graublauen Augen angestrengt nachdenkend und ohne etwas zu sehen ins Zimmer hinein, wiederholte noch einmal „Was ist das", sprach darauf langsam: „Ich glaube, daß mich Gott", fügte, während ihr Gesicht sich aufklärte, rasch hinzu: „ – geschaffen hat samt allen Kreaturen", war plötzlich auf glatte Bahn geraten und schnurrte nun, glückstrahlend und unaufhaltsam, den ganzen Artikel daher, getreu nach dem Katechismus, wie er soeben, Anno 1835, unter Genehmigung eines hohen und wohlweisen Senates, neu revidiert herausgegeben war. Wenn man im Gange war, dachte sie, war es ein Gefühl, wie wenn man im Winter auf dem kleinen Handschlitten mit den Brüdern den Jerusalemsberg hinunterfuhr: es vergingen einem geradezu die Gedanken dabei, und man konnte nicht einhalten, wenn man auch wollte.

„Dazu Kleider und Schuhe", sprach sie, „Essen und Trinken, Haus und Hof, Weib und Kind, Acker und Vieh … " Bei diesen Worten aber brach der alte Monsieur Johann Buddenbrook einfach in Gelächter aus, in sein helles, verkniffenes Kichern, das er heimlich in Bereitschaft gehalten hatte. Er lachte vor Vergnügen, sich über den Katechismus mokieren zu können, und hatte wahrscheinlich nur zu diesem Zwecke das kleine Examen vorgenommen. …

Aufgabe 7

Bestimmen Sie für beide Textstücke, welchen Zeitraum das Geschehen umfasst und welche Form der Erzählerrede der jeweilige Erzähler gewählt hat.

Um einen Maßstab dafür zu gewinnen, wann man eine Erzählweise als ausführlich zu bezeichnen hat und wann man von einem raffenden Bericht sprechen kann, unterscheidet man bei der Analyse erzählender Texte zwei Zeitebenen:

1. die **Erzählzeit** (oder **Lesezeit**), also die Zeit, die der Leser braucht, um den Text zu lesen (leicht messbar in Seiten- und Zeilenangaben, z. B. ca. 750 Seiten bei „Buddenbrooks" und ca. 15 Seiten bei der „Reitergeschichte"), und

2. die **erzählte Zeit,** also die Zeitdauer, die das erzählte Geschehen in Wirklichkeit beanspruchen würde (z. B. in „Buddenbrooks" 42 Jahre und in der „Reitergeschichte" ein Tag von 6 Uhr morgens bis zum Sonnenuntergang).

Vergleicht man die Erzählzeit oder Lesezeit mit der erzählten Zeit, erhält man wichtige Informationen über die Gestaltung des Textes. Man erfasst seine Zeitstruktur.
Es gibt grundsätzlich fünf **Möglichkeiten der Zeitgestaltung:**

Zeitstruktur

Zeitraffung: Die erzählte Zeit ist deutlich länger als die Erzählzeit; das ist sozusagen der „Normalfall" des Erzählens. – Zu unterscheiden ist zwischen **leichter Raffung,** bei der die Lesezeit nur um Minuten kürzer ist als die erzählte Zeit, und **starker Raffung,** bei der die erzählte Zeit die Lesezeit um Tage oder Wochen übertrifft. In **extremer Raffung** kann das Geschehen von Jahren und Jahrzehnten auf wenige Zeilen oder Seiten zusammengedrängt werden.

Zeitsprung: Der Erzähler überspringt einen Zeitabschnitt der Handlung. Von diesem Teil der erzählten Zeit wird gar nicht berichtet, die Lesezeit bzw. Erzählzeit beträgt also null. Diese extremste Form der Zeitraffung spielt in den meisten längeren Texten eine sehr große Rolle.

Zeitdeckung: Die erzählte Zeit und die Erzählzeit (Lesezeit) sind annähernd gleich. In der Geschichte läuft die Zeit etwa im gleichen Tempo ab wie beim Leser. Das ist z. B. der Fall, wenn Gespräche wörtlich wiedergegeben werden.

Zeitdehnung: In seltenen Fällen dauert die Lesezeit (Erzählzeit) länger als die erzählte Zeit (Zeitlupentechnik). Dies kann z. B. der Fall sein bei einer ausführlichen Darstellung von Gedanken und Gefühlen.

Zeitpause: Die erzählte Zeit bleibt stehen; und während die Handlung pausiert, gibt der Erzähler längere Kommentare oder Beschreibungen. Erzähler und Leser verbrauchen also Erzähl- bzw. Lesezeit, während die erzählte Zeit null beträgt.

Durch die Analyse der Zeitstruktur gewinnt man auch Klarheit darüber, welchen Teilen des Geschehens der Erzähler eine besondere Bedeutung beimisst, von welchen Teilhandlungen er nur beiläufig und in groben Umrissen berichtet und was er als unwichtig oder unschicklich überspringt.

Die kleine Geschichte „Begegnung um Mitternacht" (vgl. Text 4) ist so verändert und erweitert worden, dass nun bis auf die Zeitdehnung alle Möglichkeiten der Zeitgestaltung darin enthalten sind.

Text 7

Begegnung um Mitternacht (zweite Fassung)

Nach der Tagesschau verabschiedete sich Oliver von seinen Eltern und fuhr zu seiner Stammkneipe an der Herner Straße. Seine Freunde warteten schon auf ihn und begrüßten ihn mit einem großen Hallo. Beim Knobeln hatte er heute kein Glück, so daß es ein teurer Abend für ihn wurde.

Als er gegen Mitternacht wieder auf der Straße stand, hatte sich das Wetter verändert. *Jetzt fängt es auch noch an zu regnen,* brummte er, als er beim Möbelmarkt in das Gewerbegebiet einbog. Ihm wurde klar, *daß er doch besser auf den Wirt hätte hören und ein Taxi bestellen sollen.* Langsam kroch ihm die Kälte die Beine hoch, und aus dem Nieselregen war inzwischen ein Schauer geworden.

Es ist natürlich ein Zeichen von Vernunft, daß es ihm erst gar nicht in den Sinn gekommen war, sich in seinen nagelneuen Wagen zu setzen. Andererseits ist es auch nicht klug, nachts allein durch diese Gegend zu gehen, wenn man Gesundheit und Brieftasche behalten will. Oliver war dies Risiko aber eingegangen, und dies sollte ihm in den nächsten Tagen noch oft leid tun.

Er hatte sich seiner Wohnung in der Schöllmannstraße bis auf einige hundert Meter genähert, als die Kirchenglocken ansetzten, zwölfmal zu schlagen. *Verdammt, schon zwölf, und um vier Uhr mußte er schon wieder raus. Morgen durfte er nicht schon wieder zu spät kommen, sein Chef hatte ihn sowieso auf dem Kieker.* Unwillkürlich hatte Oliver seinen Schritt beschleunigt. Kurz vor der Haustür griff er in die Jackentasche. *O nein, so ein Mist. Wo ist denn der Schlüssel? Hier auch nicht. Sollte ich ihn auf der Theke ...? Aber dann müßte ich ja zurück! Bei dem Wetter! Ich werd verrückt, ohrfeigen könnt ich mich. Idiot, Blödmann ... Ach da, Gottseidank!* Erleichtert schob Oliver den Schlüssel in das Schlüsselloch, wobei er ganz übersah, wie sich langsam ein schattenhafter Umriß aus der Einfahrt neben dem Haus löste.

Diese Einfahrt war vor vierzig Jahren für den Verkaufswagen des Metzgers angelegt worden, als dieser noch seine Wurstküche im

Erdgeschoß hatte. Seit dem Tod des Metzgers standen diese Räume aber leer, wegen des unauslöschlichen Geruchs hatte sich nie ein Mieter finden lassen. Der einzige Zugang, eine rostige Stahltür am Ende der Einfahrt, war seit Jahren nicht mehr geöffnet worden. Vor ihr hatten nun die Mülltonnen ihren Platz gefunden. Umgeben von allerlei Unrat waren sie ein Treffpunkt für die Katzen der Umgebung.

Nun trat eine dunkel gekleidete, große Gestalt aus der Einfahrt, war mit zwei Schritten hinter Oliver und schlug ihm einen Schraubenschlüssel über den Kopf. Oliver versank in watteweicher Dunkelheit.

Als er wieder zu sich kam, war es bereits Tag geworden, und er lag mit dick bandagiertem Kopf in einem Krankenhausbett. Im Laufe der nächsten Stunden herrschte ein reges Treiben um ihn herum: Krankenschwestern, Ärzte, Polizeibeamte und schließlich noch seine Mutter und seine Verlobte gaben sich die Klinke in die Hand. *Und alle wollten von ihm wissen, wer es gewesen sei, der ihm fast den Schädel eingeschlagen hat.*

Erst am Nachmittag, als seine Kopfschmerzen erträglich geworden waren, fand er die Ruhe, über diese Frage nachzudenken. *Was war eigentlich das letzte, was ich wahrgenommen habe,* fragte er sich immer wieder. Und plötzlich fiel ihm ein, *daß es ein Geruch gewesen war. Etwas von früher, was ihm sehr vertraut war. Warum fiel ihm nur nicht ein, was es war. Er mußte nur lange genug nachdenken.*

Doch in diesem Moment klingelte das Telefon. Oliver nahm den Hörer ab und meldete sich mit seinem Namen. Die Stimme, die er nun hörte, war ihm gänzlich unbekannt, und sie sagte Unfreundliches. *Nämlich, daß er die Sache herausrücken solle, diesmal habe er noch Glück gehabt.*

Aufgabe 8

Markieren Sie Zeitsprünge und Zeitpausen. Unterscheiden Sie Abschnitte zeitraffenden und zeitdeckenden Erzählens.

Aufgabe 9

Bestimmen Sie für jeden Abschnitt die Erzählweise (raffender Bericht/szenische Darstellung/Kommentar/Beschreibung). Welche Übereinstimmungen sind regelmäßig zu erwarten?

1.3 Formen der Figurenrede

Bislang wurde unterstellt, dass in einem erzählenden Text immer der Erzähler spricht. In dem zitierten Ausschnitt aus Hofmannsthals „Reitergeschichte“ ist dies auch der Fall. In den meisten Texten gibt der Erzähler aber zeitweise das Wort an die Figuren ab, lässt diese selbst sprechen, zitiert deren Äußerungen oder gibt wieder, was diese denken. Außer den vier Formen der Erzählerrede gibt es daher noch mehrere Erzählweisen, mit denen das Sprechen und Denken der in der Handlung vorkommenden Figuren dargestellt wird: die Figurenrede.

Diese gesprochenen oder gedachten Äußerungen und Empfindungen der Handlungsfiguren sind meist in die Erzählerrede integriert und bilden oft einen wichtigen Bestandteil von szenischen Darstellungen. Sie tragen dazu bei, dass Textpassagen anschaulich wirken und der Leser das Geschehen miterleben kann.

Erzählweisen

Erzählerrede
- raffender Bericht
- szenische Darstellung
- Kommentar
- Beschreibung

Figurenrede
- direkte Rede
- indirekte Rede
- Redebericht
- erlebte Rede
- Bewusstseinsstrom

Dem Erzähler stehen fünf verschiedene Möglichkeiten zur Verfügung, wie er das, was die Figuren denken und sprechen, in seinen Erzähltext einbauen kann:

- **Direkte Rede:**
  Die Äußerung der Figur wird wörtlich zitiert; häufige Kennzeichen sind daher die Redeankündigung, der Doppelpunkt und die Anführungszeichen. Der Erzähler hält sich zurück; und der Leser erfährt unmittelbar, was gesagt wird.
- **Indirekte Rede:**
  Die Äußerung der Figur wird vom Erzähler referiert; Merkmale sind daher Nebensätze mit „dass“ bzw. der Gebrauch des Konjunktivs. Verkürzungen und Raffungen sind dabei möglich. Da dem Leser das Gesagte vom Erzähler vermittelt wird, hat er mehr Distanz zu den Äußerungen.
- **Rede- oder Gedankenbericht:**
  Die Äußerungen der Figur werden vom Erzähler knapp zusammengefasst. Diese Erzählweise kann man sowohl als Figurenrede wie auch als Erzählerrede verstehen.
- **Erlebte Rede:**
  Die Gedanken der Figur werden nicht unmittelbar von dieser selbst, sondern vom Erzähler geschildert. Deshalb finden sich hier das Präteritum und die 3. Person wie in der Erzählerrede. Aber die Per-

spektive der Figur wird dabei beibehalten, sodass wie in der direkten Rede der Indikativ und die Hauptsatzwortstellung verwendet werden.

- **Bewusstseinsstrom:**
  Die Bewusstseinsvorgänge der Figur werden möglichst unverändert wiedergegeben. Der Erzähler zitiert die Gedanken sozusagen wörtlich, ohne sie an die grammatischen Regeln anzupassen. Der Satzbau ist daher oft unstrukturiert, assoziativ und ungrammatisch.

Aufgabe 10

In Text 7 sind die Äußerungen und Gedanken der Figuren immer kursiv gedruckt. Bestimmen Sie, um welche Art der Figurenrede es sich jeweils handelt.

Eine längere Wiedergabe von Gedanken einer Figur kann als **innerer Monolog** bezeichnet werden. Dieser Begriff wird von manchen Autoren aber auch im gleichen Sinn wie der Begriff Bewusstseinsstrom verwendet.

Der Wechsel zwischen den Formen der Figurenrede dient nicht nur der Abwechslung, sondern erlaubt dem Erzähler, Wichtiges z. B. in direkter Rede hervorzuheben und weniger Wichtiges in indirekter Rede oder im Redebericht darzustellen (vgl. die Figurenrede in Hebels „Schlechter Lohn"). Mit den Mitteln der erlebten Rede und des Bewusstseinsstroms kann die Figur dem Leser näher gebracht werden.
In erlebter Rede wiedergegebene Gedanken einer Handlungsfigur sind infolge der fehlenden grammatischen Unterschiede nicht immer klar von (kommentierenden) Äußerungen des Erzählers zu unterscheiden. Für den Leser können daher die Äußerungen des Erzählers und die Gedanken einer Figur unauffällig ineinander übergehen.

Text 8

Herbert Malecha: Die Probe (1955) – Ausschnitt

Aus: Hühnerfeld, P. (Hg.): Die Probe. Hamburg 1955

Redluff sah, das schrille Quietschen der Bremsen noch in den Ohren, wie sich das Gesicht des Fahrers ärgerlich verzog. Mit zwei taumeligen Schritten war er wieder auf dem Gehweg. „Hat es Ihnen was gemacht?" Er fühlte sich am Ellbogen angefaßt. Mit einer fast brüsken Bewegung machte er sich frei. „Nein, nein, schon gut. Danke", sagte er noch, beinah schon über die Schulter, als er merkte, daß ihm der Alte nachstarrte.
Eine Welle von Schwäche stieg von seinen Knien auf, wurde fast zur Übelkeit. Das hätte ihm gerade gefehlt, angefahren auf der Straße liegen, eine gaffende Menge und dann die Polizei. Er durfte jetzt nicht schwach werden, nur weiterlaufen, unauffällig weiterlaufen zwischen den vielen auf

der hellen Straße. Langsam ließ das Klopfen im Halse nach. Seit drei Monaten war er zum ersten Mal wieder in der Stadt, zum ersten Mal wieder unter so viel Menschen. Ewig konnte er in dem Loch sich ja nicht verkriechen, er mußte einmal wieder raus, wieder Kontakt aufnehmen mit dem Leben, überhaupt raus aus allem. Ein Schiff mußte sich finden lassen, möglichst noch, bevor es Winter wurde. Seine Hand fuhr leicht über die linke Brustseite seines Jacketts, er spürte den Paß, der in der Innentasche steckte; gute Arbeit war dieser Paß, er hatte auch nicht schlecht dafür bezahlt.

Aufgabe 11

Bestimmen Sie im zweiten Abschnitt (Z. 12–32) die Sätze mit erlebter Rede. – Machen Sie sich die Merkmale und die Funktion dieser Art der Figurenrede klar.

1.4 Analyse der Textgliederung

Längere erzählende Texte bestehen gewöhnlich aus mehreren Teilen, den Erzähleinheiten, Episoden oder Sequenzen. Um den „Bauplan" eines Textes zu erfassen, muss man ihn in diese verschiedenen Sequenzen gliedern. Bei diesen Sequenzen handelt es sich um einzelne szenische Darstellungen und raffende Berichte, manchmal auch um längere Kommentare und Beschreibungen, sofern sie als eigenständige Teile wirken und nicht nur kurzfristig eine szenische Darstellung oder einen Bericht unterbrechen.

Die szenischen Darstellungen sind oft die wichtigsten Teile in einem erzählenden Text und bilden dann dessen Grundgerüst. Sie weisen im Hinblick auf die Figuren, den Schauplatz und die Zeitgestaltung eine deutliche Einheitlichkeit auf. In vielen Fällen werden sie durch Zeitsprünge voneinander abgegrenzt oder durch Passagen getrennt, in denen wesentlich geraffter erzählt wird. Häufig verändern sich dann auch die Schauplätze und die Figurenkonstellation.

Um einen erzählenden Text in seine Sequenzen bzw. Erzähleinheiten zu gliedern, empfehlen sich folgende

Arbeitsschritte zur Analyse der Textgliederung:

a) die Analyse der Zeitstruktur (Zeitangaben im Text markieren/Zeitsprünge und die selteneren Zeitpausen am Rand kennzeichnen/zeitraffende und zeitdeckende Passagen unterscheiden),

b) das Markieren von Ortswechseln und von Veränderungen in der Figurenkonstellation,

c) die Festlegung der Sequenzen zwischen den Markierungen (besonders, wenn mehrere Markierungen zusammenfallen),

d) die Bestimmung der Erzählweise der Sequenzen und ihres Hauptinhalts (in kurzen Zwischenübersichten formulieren).

In dem Novellenzyklus „Unterhaltungen deutscher Ausgewanderten" erzählen Angehörige einer Familie, die vor den Truppen des revolutionären Frankreich fliehen, sich gegenseitig Geschichten. Eine dieser Geschichten stützt sich auf die Memoiren einer historischen Person, des Marschalls von Bassompierre, und spielt im Paris des 17. Jahrhunderts.

Text 9

Johann Wolfgang von Goethe:
Die Geschichte des Marschalls von Bassompierre (1795)

So tief es auch schon in der Nacht war, fühlte niemand eine Neigung, zu Bette zu gehen, und Karl erbot sich, gleichfalls eine Geschichte zu erzählen, die nicht minder interessant sei, ob sie sich gleich vielleicht eher erklären und begreifen lasse als die vorigen. „Der Marschall von Bassompierre", sagte er, „erzählt sie in seinen Memoiren; es sei mir erlaubt, in seinem Namen zu reden:
Seit fünf oder sechs Monaten hatte ich bemerkt, sooft ich über die kleine Brücke ging – denn zu der Zeit war der Pont neuf noch nicht erbauet –, daß eine schöne Krämerin, deren Laden an einem Schilde mit zwei Engeln kenntlich war, sich tief und wiederholt vor mir neigte und mir so weit nachsah, als sie nur konnte. Ihr Betragen fiel mir auf, ich sah sie gleichfalls an und dankte ihr sorgfältig. Einst ritt ich von Fontainebleau nach Paris, und als ich wieder die kleine Brücke heraufkam, trat sie an ihre Ladentüre und sagte zu mir, indem ich vorbeiritt: ‚Mein Herr, Ihre Dienerin!' Ich erwiderte ihren Gruß, und indem ich mich von Zeit zu Zeit umsah, hatte sie sich weiter vorgelehnt, um mir so weit als möglich nachzusehen.
Ein Bedienter nebst einem Postillon folgten mir, die ich noch diesen Abend mit Briefen an einige Damen nach Fontainebleau zurückschicken wollte. Auf meinen Befehl stieg der Bediente ab und ging zu der jungen Frau, ihr in meinem Namen zu sagen, daß ich ihre Neigung, mich zu sehen und zu grüßen, bemerkt hätte; ich wollte, wenn sie wünschte, mich näher kennenzulernen, sie aufsuchen, wo sie verlangte.
Sie antwortete dem Bedienten, er hätte keine bessere Neuigkeit bringen können, sie wollte kommen, wohin ich sie bestellte, nur mit der Bedingung, daß sie eine Nacht mit mir unter einer Decke zubringen dürfte.
Ich nahm den Vorschlag an und fragte den Bedienten, ob er nicht etwa einen Ort kenne, wo wir zusammenkommen könnten. Er antwortete, daß er sie zu einer gewissen Kupplerin führen wollte, rate mir aber, weil die Pest sich hier und da zeige, Matratzen, Decken und Leintücher aus meinem Hause hinbringen zu lassen. Ich nahm den Vorschlag an, und er versprach, mir ein gutes Bett zu bereiten.
Des Abends ging ich hin und fand eine sehr schöne Frau von ungefähr zwanzig Jahren mit einer zierlichen Nachtmütze, einem sehr feinen Hemde, einem kurzen Unterrocke von grünwollenem Zeuge. Sie hatte Pantoffeln an den Füßen und eine Art von Pudermantel übergeworfen. Sie gefiel mir außerordentlich, und da ich mir einige Freiheiten herausnehmen wollte, lehnte sie meine

Liebkosungen mit sehr guter Art ab und verlangte, mit mir zwischen zwei Leintüchern zu sein. Ich erfüllte ihr Begehren und kann sagen, daß ich niemals so ein zierliches Weib gekannt habe noch von irgendeiner mehr Vergnügen genossen hätte. Den anderen Morgen fragte ich sie, ob ich sie nicht noch einmal sehen könnte, ich verreise erst Sonntag; und wir hatten die Nacht von Donnerstag auf den Freitag miteinander zugebracht.

Sie antwortete mir, daß sie es gewiß lebhafter wünsche als ich; wenn ich aber nicht den ganzen Sonntag bliebe, sei es ihr unmöglich, denn nur in der Nacht von Sonntag auf den Montag könne sie mich wiedersehen. Als ich einige Schwierigkeiten machte, sagte sie: ‚Ihr seid wohl meiner in diesem Augenblicke schon überdrüssig und wollt nun Sonntags verreisen; aber ihr werdet bald wieder an mich denken und gewiß noch einen Tag zugeben, um eine Nacht mit mir zuzubringen.'

Ich war leicht zu überreden, versprach ihr, den Sonntag zu bleiben und die Nacht auf den Montag mich wieder an dem nämlichen Orte einzufinden. Darauf antwortete sie mir: ‚Ich weiß recht gut, mein Herr, daß ich in ein schändliches Haus um Ihretwillen gekommen bin; aber ich habe es freiwillig getan, und ich hatte ein so unüberwindliches Verlangen, mit Ihnen zu sein, daß ich jede Bedingung eingegangen wäre. Aus Leidenschaft bin ich an diesen abscheulichen Ort gekommen, aber ich würde mich für eine feile Dirne halten, wenn ich zum zweitenmal darin zurückkehren könnte. Möge ich eines elenden Todes sterben, wenn ich außer meinem Mann und Euch irgendjemand zu Willen gewesen bin und nach irgendeinem andern verlange! Aber was täte man nicht für eine Person, die man liebt, und für einen Bassompierre? Um seinetwillen bin ich in das Haus gekommen, um eines Mannes willen, der durch seine Gegenwart diesen Ort ehrbar gemacht hat. Wollt Ihr mich noch einmal sehen, so will ich Euch bei meiner Tante einlassen.'

Sie beschrieb mir das Haus aufs genaueste und fuhr fort: ‚Ich will Euch von zehn Uhr bis Mitternacht erwarten, ja noch später, die Türe soll offen sein. Erst findet Ihr einen kleinen Gang, in dem haltet Euch nicht auf, denn die Türe meiner Tante geht da heraus. Dann stößt Euch eine Treppe sogleich entgegen, die Euch ins erste Geschoß führt, wo ich Euch mit offenen Armen empfangen werde.'

Ich machte meine Einrichtung, ließ meine Leute und meine Sachen vorausgehen und erwartete mit Ungeduld die Sonntagsnacht, in der ich das schöne Weibchen wiedersehen sollte. Um zehn Uhr war ich schon am bestimmten Orte. Ich fand die Türe, die sie mir bezeichnet hatte, sogleich, aber verschlossen und im ganzen Hause Licht, das sogar von Zeit zu Zeit wie eine Flamme aufzulodern schien. Ungeduldig fing ich an zu klopfen, um meine Ankunft zu melden; aber ich hörte eine Mannsstimme, die mich fragte, wer draußen sei.

Ich ging zurück und einige Straßen auf und ab. Endlich zog mich das Verlangen wieder nach der Türe. Ich fand sie offen und eilte durch den Gang die Treppe hinauf. Aber wie erstaunt war ich, als ich in dem Zimmer ein paar Leute fand, welche Bettstroh verbrannten, und bei der Flamme, die das ganze Zimmer erleuchtete, zwei nackte Körper auf dem Tische ausgestreckt sah. Ich zog mich eilig zurück und stieß im Hinausgehen auf ein paar Totengräber, die mich fragten, was ich suchte. Ich zog den Degen, um sie mir vom Leibe zu halten, und kam nicht unbewegt von diesem seltsamen Anblick nach Hause. Ich trank sofort drei bis vier Gläser Wein, ein Mittel gegen die pestilenzialischen Einflüsse, das man in Deutschland sehr bewährt hält, und trat, nachdem ich ausgeruhet, den anderen Tag meine Reise nach Lothringen an.

Alle Mühe, die ich mir nach meiner Rückkunft gegeben, irgend etwas von dieser Frau zu erfahren, war vergeblich. Ich ging sogar nach dem Laden der zwei Engel; allein die Mietleute wußten nicht, wer von ihnen darin gesessen hatte.

Dieses Abenteuer begegnete mir mit einer

Person vom geringen Stande, aber ich versichere, daß ohne den unangenehmen Ausgang es eins der reizendsten gewesen wäre, deren ich mich erinnere, und daß ich niemals ohne Sehnsucht an das schöne Weibchen habe denken können."
„Auch dieses Rätsel", versetzte Fritz, „ist so leicht nicht zu lösen. Denn es bleibt zweifelhaft, ob das artige Weibchen in dem Hause mit an der Pest gestorben oder ob sie es nur dieses Umstandes wegen vermieden habe."
„Hätte sie gelebt", versetzte Karl, „so hätte sie ihren Geliebten gewiß auf der Gasse erwartet, und keine Gefahr hätte sie abgehalten, ihn wieder aufzusuchen. Ich fürchte immer, sie hat mit auf dem Tische gelegen."
„Schweigt!" sagte Luise; „die Geschichte ist gar zu schrecklich. Was wird das für eine Nacht werden, wenn wir uns mit solchen Bildern zu Bette legen!"

Aufgabe 12
Bearbeiten Sie diesen Text (und zwar nur die eigentliche Erzählung von Z. 10–164) in den genannten Arbeitsschritten.

Aufgabe 13
Erläutern Sie anschließend die Bedeutung der einzelnen Sequenzen innerhalb des Textganzen.

Für einen so kurzen Text besteht die „Geschichte des Marschalls von Bassompierre" aus relativ vielen Erzähleinheiten. In den meisten Fällen werden die Sequenzen auch umfangreicher sein.
Es kann dann sinnvoll sein, einzelne Sequenzen weiter zu unterteilen, z. B. wenn innerhalb einer szenischen Darstellung eine Zeitpause gemacht wird, um einen Kommentar oder eine Beschreibung einzufügen. Auch weniger gravierende Veränderungen des Schauplatzes oder der Figurenzusammenstellung können zur weiteren Untergliederung verwendet werden.

Bei der Untersuchung der folgenden Kalendergeschichte wird deutlich, dass die Gliederung eines Textes in Sequenzen und gegebenenfalls deren Untergliederung in weitere „Textbausteine" nicht nur einen Einblick in die formale Struktur erlaubt, sondern auch zum Verständnis der Wirkungsabsicht beiträgt.

Text 10
Johann Peter Hebel: Kaiser Napoleon und die Obstfrau in Brienne (1809)

Der große Kaiser Napoleon brachte seine Jugend, als Zögling, in der Kriegsschule zu Brienne zu, und wie? Das lehrten in der Folge seine Kriege, die er führte, und seine Taten. Da er gerne Obst aß, wie die Jugend pflegt, so bekam eine Obsthändlerin daselbst manchen schönen Batzen von ihm zu lösen. Hatte er je einmal kein Geld, so borgte sie. Bekam er Geld, so bezahlte er. Aber als er die Schule verließ, um nun als kenntnisreicher Soldat auszuüben, was er dort gelernt hatte, war er ihr doch einige Taler schuldig.

Und, als sie das letztemal ihm einen Teller voll saftiger Pfirsiche oder süßer Trauben brachte: „Fräulein“, sagte er, „jetzt muß ich fort, und kann Euch nicht bezahlen. Aber Ihr sollt nicht vergessen sein.“ Aber die Obstfrau sagte: „O reisen Sie wegen dessen ruhig ab, edler, junger Herr. Gott erhalte Sie gesund, und mache aus Ihnen einen glücklichen Mann.“

– Allein auf einer solchen Laufbahn, wie diejenige war, welche der junge Krieger jetzt betrat, kann doch auch der beste Kopf so etwas vergessen, bis zuletzt das erkenntliche Gemüt ihn wieder daran erinnert. Napoleon wird in kurzer Zeit General, und erobert Italien. Napoleon geht nach Ägypten, wo einst die Kinder Israel das Zieglerhandwerk trieben, und liefert ein Treffen bei Nazareth, wo vor 1800 Jahren die hochgelobte Jungfrau wohnte. Napoleon kehrt mitten durch ein Meer voll feindlicher Schiffe nach Frankreich und Paris zurück, und wird erster Konsul. Napoleon stellt in seinem unglücklich gewordenen Vaterlande die Ruhe und Ordnung wieder her, und wird französischer Kaiser, und noch hatte die gute Obstfrau in Brienne nichts, als sein Wort: „Ihr sollt nicht vergessen sein!“ Aber ein Wort noch immer so gut, als bares Geld, und besser. Denn als der Kaiser in Brienne einmal erwartet wurde, er war aber in der Stille schon dort, und mag wohl sehr gerührt gewesen sein, wenn er da an die vorige Zeit gedachte, und an die jetzige, und wie ihn Gott in so kurzer Zeit, und durch so viele Gefahren unversehrt bis auf den neuen Kaiserthron geführt hatte, da blieb er auf der Gasse plötzlich stille stehen, legte die Finger an die Stirne, wie einer, der sich auf etwas besinnt, nannte bald darauf den Namen der Obstfrau, erkundigte sich nach ihrer Wohnung, so ziemlich baufällig war, und trat mit einem einzigen treuen Begleiter zu ihr hinein. Eine enge Türe führte ihn in ein kleines, aber reinliches Zimmer, wo die Frau mit zwei Kindern am Kamin kniete, und ein sparsames Abendessen bereitete. „Kann ich hier etwas zur Erfrischung haben?“ so fragte der Kaiser. – „Ei ja!“ erwiderte die Frau, „die Melonen sind reif“, und holte eine. Während die zwei fremden Herren die Melone verzehrten, und die Frau noch ein paar Reiser an das Feuer legte: „Kennt Ihr denn den Kaiser auch, der heute hier sein soll?“ fragte der eine. „Er ist noch nicht da“, antwortete die Frau, „er kommt erst. Warum soll ich ihn nicht kennen? Manchen Teller und manches Körbchen voll Obst hat er mir abgekauft, als er noch hier in der Schule war.“ – „Hat er denn auch alles ordentlich bezahlt?“ – „Ja freilich, er hat alles ordentlich bezahlt.“ Da sagte zu ihr der fremde Herr: „Frau, Ihr geht nicht mit der Wahrheit um, oder Ihr müßt ein schlechtes Gedächtnis haben. Fürs erste, so kennt Ihr den Kaiser nicht. Denn ich bin’s. Fürs andere hab ich Euch nicht so ordentlich bezahlt, als Ihr sagt, sondern ich bin Euch zwei Taler schuldig oder etwas“; und in diesem Augenblick zählte der Begleiter auf den Tisch eintausendundzweihundert Franken, Kapital und Zins. Die Frau, als sie den Kaiser erkannte, und die Goldstücke auf dem Tisch klingeln hörte, fiel ihm zu Füßen, und war vor Freude und Schrecken und Dankbarkeit ganz außer sich, und die Kinder schauen auch einander an, und wissen nicht, was sie sagen sollen. Der Kaiser aber befahl nachher das Haus niederzureißen, und der Frau ein anderes an den nämlichen Platz zu bauen. „In diesem Hause“, sagte er, „will ich wohnen, sooft ich nach Brienne komme, und es soll meinen Namen führen.“ Der Frau aber versprach er, er wolle für ihre Kinder sorgen. Wirklich hat er auch die Tochter derselben bereits ehrenvoll versorgt, und der Sohn wird auf kaiserliche Kosten in der nämlichen Schule erzogen, aus welcher der große Held selber ausgegangen ist.

Aufgabe 14

Gliedern Sie den Text, der eine erzählte Zeit von annähernd 30 Jahren umfasst, in Sequenzen, die hinsichtlich Zeit, Ort und Figuren möglichst einheitlich sind.

Aufgabe 15
Überlegen Sie, in welche „Bausteine" man die Sequenzen weiter unterteilen kann. Achten Sie dabei auf den Wechsel der Erzählweisen.

Aufgabe 16
Vergegenwärtigen Sie sich den „Bauplan" dieser Geschichte; und überlegen Sie, welche Wirkung auf den damaligen Leser davon ausgehen sollte.

Wer sich an die Untersuchung eines erzählenden Textes begibt, sollte schon zu Beginn die Gliederung erarbeiten. Er gewinnt dann in Form der Sequenzen oder Erzähleinheiten begründete Sinnabschnitte, die zur Grundlage der weiteren Untersuchung und Darstellung gemacht werden können.

1.5 Lösungsvorschläge zu den Arbeitsaufgaben

Die Lösungen zu den Arbeitsaufgaben sollen Ihnen helfen, Ihre eigenen Ergebnisse zu kontrollieren. Stellenweise werden auch zusätzliche Erläuterungen gegeben. – Wenn Sie gelegentlich zu abweichenden Ergebnissen kommen, müssen diese deshalb nicht falsch sein. Da literarische Texte nicht völlig eindeutig sind, lassen sie auch unterschiedliche Einsichten zu. Sie sollen aber in solchen Fällen sowohl Ihre Ergebnisse als auch die Lösungsvorschläge vergleichend am Beispieltext überprüfen.

1 Eine Inhaltsangabe dieser Geschichte könnte folgendermaßen lauten:
Während des französisch-preußischen Krieges wird ein süddeutscher Offizier, der auf französischer Seite kämpft, im Hause eines schlesischen Adligen einquartiert. Der Adlige erlaubt dem Offizier, sich als Andenken ein Gemälde aus der umfangreichen Sammlung des Hauses auszusuchen. Dieser nimmt, scheinbar aus Höflichkeit, ein eher wertloses Bild ab und entdeckt dahinter die eingemauerten Wertsachen des Adligen. Es stellt sich heraus, dass der Maurermeister, der das Versteck angelegt hat, es dem Offizier verraten hat. Doch anstatt erwartungsgemäß die Wertsachen zu beschlagnahmen und den Handwerker zu belohnen, lässt der Offizier den Maurer als Strafe für seine Untreue verprügeln.
Bei dieser Inhaltsangabe werden mehrere Abschnitte des Textes nicht berücksichtigt, da sie nicht zur Handlung, nämlich der Begebenheit in Schlesien, gehören, sondern der Belehrung des Lesers dienen (z.B. Z. 19 ff.) – Auch werden in der Inhaltsangabe verschiedene Textabschnitte unterschiedlich stark verkürzt. Der letzte Satz der oben stehenden Inhaltsangabe fasst nur sechs Zeilen der Kalendergeschichte zusammen (Z. 74–81), während im dritten Satz die dreifache Textmenge gerafft wird (Z. 24–57).

2 An drei Stellen unterbricht der Erzähler seine Geschichte, um seine Meinung kundzutun, nämlich von Z. 19–24 („Nun, wenn man die Wahl hat, [...], und so ist es auch nicht gemeint."), von Z. 63–74 („Das ist nun einer von den größten Spitzbubenstreichen, [...], obgleich ein

großer Unterschied dazwischen ist") und von Z. 82 bis zum Schluss („Das wollen wir beides gutheißen, […]".

3 Von Z. 24–57 wird das Geschehen ausführlich geschildert (szenische Darstellung). Es wird wörtlich wiedergegeben, was die Figuren sagen; auch die Empfindungen des Adligen werden dargestellt. – In den Z. 74–81 wird hingegen zusammenfassend von dem Geschehen berichtet; Einzelheiten der Handlung wie die Ausführung der Prügelstrafe, Gespräche und Gedanken der Beteiligten werden nicht mitgeteilt (raffender Bericht).

4 In der Geschichte „Schlechter Lohn" wechselt Hebel zwischen verschiedenen Formen der Erzählerrede: Bis in die 11. Zeile berichtet er stark raffend von den französischen Beschlagnahmungen in Paris. Mit den Worten „Doch kam zuletzt noch (…)" geht er zu einer szenischen Darstellung des Gesprächs über. Daran schließt er ab Z. 28 einen Kommentar an, in dem das Verhalten der Figuren bewertet wird. Auch der Satz in Z. 6 („Denn der Krieg bringt nichts, er holt.") ist ein Kommentar des Erzählers.
Kleists Anekdote besteht nur aus einer szenischen Darstellung des Gesprächs zwischen dem General und dem Verräter ohne Einleitung und ohne abschließende Stellungnahme. Sein Text entspricht in etwa den Zeilen 11–27 in Hebels Fassung.

5 Hebel schreibt für Leser mit geringen Vorkenntnissen, die den Schauplatz der Handlung nur vom Hörensagen kennen. In dem einleitenden raffenden Bericht wird das Geschehen deshalb in die historischen Zusammenhänge eingeordnet (Berlin – „die Residenzstadt des Königs von Preußen"). Um die Aussage der Geschichte unmissverständlich deutlich zu machen, wird ein Kommentar angefügt: „Das muss der rheinländische Hausfreund loben, (…)".
Kleist kann sich dagegen auf die szenische Darstellung beschränken, denn er geht davon aus, dass seine Leser als Berliner sowohl die Zusammenhänge kennen als auch die Absicht ohne weitere Erklärungen verstehen.

6 In den ersten sieben Zeilen wird das etwa vierstündige Geschehen dieses Abends in einem raffenden Bericht zusammengefasst. Von Z. 8 bis zum Ende wird die Handlung dann detailliert geschildert (Nieselregen, schlagende Kirchturmuhr …). Diese szenische Darstellung wird zweimal unterbrochen: Von Z. 17–23 gibt der Erzähler einen Kommentar. Und von Z. 35–47 wird der Zustand der Einfahrt beschrieben. Dabei wird nach dem Hinweis auf die Gestalt im Schatten die Handlung (wie mit der STOP-Taste am Videorekorder) angehalten, die Beschreibung eingefügt und dann anschließend ab der Z. 48 die Handlung wieder aufgenommen.

7 Der Anfang von Hofmannsthals „Reitergeschichte" umfasst einen Zeitraum von vier Stunden, was an den Zeitangaben in Z. 1 und 46 f. klar abzulesen ist. In diesem raffenden Bericht wird das Geschehen nur umrisshaft, ohne Details dargestellt. Z. B. wird dem Leser nicht mitgeteilt, wie sich die Gefangennahme der achtzehn Studenten im Einzelnen vollzogen hat (vgl. Z. 32 ff.). Der Roman „Buddenbrooks" beginnt mit einer szenischen Darstellung. Die Handlung, das stockende Aufsagen weniger Sätze aus dem auswendig gelernten Katechismus, würde in Wirklichkeit nicht länger dauern, als der Leser zum Lesen dieses Textausschnitts braucht.

8 Einen auffälligen Zeitsprung von etwa sechs Stunden (von Mitternacht bis zum nächsten Morgen) gibt es nach der Z. 64. Zwei Zeitpausen finden sich, nämlich von der Z. 18–24 (ein Kommentar des Erzählers) und von der Z. 46–58 (die Beschreibung der Einfahrt). So ergibt sich folgende Zeitstruktur:

1 Die Gliederung

Z. 1–7	Zeitraffung (ca. 4 Stunden)
Z. 8–63	annähernde Zeitdeckung (einige Minuten) darin: Zeitpausen von Z. 18–26 und Z. 46–58
Z. 63/64	Zeitsprung (Auslassung von ca. 6 Stunden)
Z. 30–34	Zeitraffung (ca. 6 Stunden)
Z. 74–89	Zeitdeckung (wenige Minuten)

9 Erzählweise und Zeitstruktur hängen in allen erzählenden Texten eng zusammen:
Im raffenden Bericht stellt der Erzähler das Geschehen in einer deutlichen (!) Zeitraffung dar.
In einer szenischen Darstellung wird in der Tendenz zeitdeckend erzählt, d.h., das Verhältnis zwischen Erzählzeit (Lesezeit) und erzählter Zeit pendelt zwischen einer leichten Raffung und einer Dehnung der Zeit.
Der Übergang von einer Szene zur anderen erfolgt oft unvermittelt durch einen Zeitsprung.
Erörterungen (Kommentare) und Beschreibungen benötigen eine Zeitpause, während der die Handlung stillsteht.

10

Z. 10	direkte (wörtliche) Rede (Anführungszeichen werden in literarischen Texten oft nicht gesetzt.)
Z. 12–14	indirekte Rede mit „dass“ und Konjunktiv (Im Gegensatz zum vorigen Beispiel werden die Äußerungen nicht wörtlich zitiert.)
Z. 30–34	erlebte Rede (In direkter Rede musste es heißen: „Verdammt, schon zwölf, und um vier Uhr muss ich schon wieder raus. Morgen darf ich nicht schon wieder zu spät kommen, mein Chef ... “/Die emotionale Ausdrucksweise [„verdammt“] macht deutlich, dass hier nicht der Erzähler kommentiert, sondern die Figur denkt.)
Z. 36–41	Bewusstseinsstrom (Die unvollständigen Sätze und Ausrufe zeigen, dass die Gedanken möglichst authentisch ohne sprachliche Glättung wiedergegeben werden.)
Z. 71–73	Redebericht (Viele Äußerungen werden auf ihren Aussagekern reduziert. Eigentlich mehr ein raffender Bericht des Erzählers als eine Figurenrede.)
Z. 76–78	direkte Rede
Z. 79–82	zunächst indirekte Rede, die dann in erlebte Rede übergeht
Z. 87–89	indirekte Rede mit „dass“ und Konjunktiv

11 Bei diesem Abschnitt handelt es sich um eine zeitdeckende szenische Darstellung, in der das Geschehen ausführlich und detailliert geschildert wird. – In die Erzählerrede sind zwei Passagen eingelagert, in denen Redluffs Gedanken in erlebter Rede wiedergegeben werden: „Das hätte ihm gerade noch gefehlt, (...), nur weiterlaufen, unauffällig weiterlaufen zwischen den vielen auf der hellen Straße.“ (Z. 13–19) und „Ewig konnte er sich in dem Loch ja nicht verkriechen, (...), möglichst noch, bevor es Winter wurde.“ (Z. 23–28). – Da die erlebte Rede weder einen Einleitungssatz hat (wie „er dachte“) noch durch Anführungsstriche gekennzeichnet wird, ist der Übergang zwischen Erzählerrede und Gedankenwiedergabe besonders unauffällig. So kann sich der Leser „ungestört“ auf die Perspektive der Figur einlassen.

12 Wenn man von der Zeitstruktur, dem Wechsel der Schauplätze und der Figurenzusammensetzung ausgeht, ergeben sich folgende Erzählsequenzen:

Z. 10–19	„Auffälliges Verhalten einer schönen Frau“ Der Erzähler gibt einen gerafften Bericht über einen Zeitraum von 5 bis 6

Monaten. Man könnte aber auch sagen, dass er, bevor die Handlung beginnt, einen etwa halbjährigen Zustand beschreibt.

Z. 19–51 „Verabredung zwischen dem Marschall und der Frau"
Beginnend mit dem Zeitadverb „einst", wird eine szenische Darstellung gegeben. Die Äußerungen der Figuren werden von dem Erzähler auf das Wesentliche reduziert und mit einer Ausnahme (direkte Rede in Z. 22 f.) in indirekter Rede wiedergegeben. Schauplatz (Straße) und Figuren (Marschall, Bedienter, Frau) bleiben in dieser Sequenz gleich.

Z. 52–66 „Die Liebesnacht"
Nach einem Zeitsprung von einigen Stunden und einem Ortswechsel werden die Vorgänge zwischen den Liebenden gerafft berichtet. Die sexuellen Handlungen werden nur angedeutet („Vergnügen genossen", Z. 66); eine detaillierte szenische Darstellung hätte sich nicht mit den damaligen Moralvorstellungen vereinbaren lassen.

Z. 66–118 „Verabredung für ein zweites Rendezvous"
Nach einem Zeitsprung, der den Rest der Nacht überbrückt, haben sich zwar Ort und Figuren nicht verändert, aber nun wird zeitdeckend erzählt. Diese szenische Darstellung ist durch die ausführlich wiedergegebene direkte Rede der Frau gekennzeichnet.

Z. 119–123 „Warten auf das Rendezvous"
In einem knappen Bericht werden die nächsten zweieinhalb Tage zu einer kurzen Aufzählung gerafft.

Z. 123–146 „Rendezvous mit dem Tod"
Auf die vorangestellte Zeitangabe („Um zehn Uhr […]") folgt die Darstellung des nächtlichen Geschehens in einer leicht gerafften szenischen Darstellung.

Z. 146–157 „Nachwirkungen und Nachforschungen"
Der Schauplatz der vorigen Szene wird verlassen, und in rasch zunehmender Zeitraffung wird vom Rest der Nacht und den nächsten Monaten berichtet. Der Zeitsprung zwischen den Zeilen 151 und 152 unterteilt diese kurze Sequenz.

Z. 158–164 „Bewertung des Abenteuers"
Nachdem die Handlung abgeschlossen ist, gibt der Erzähler noch einen Kommentar.

13 Wenn man diese Gliederung in Sequenzen überblickt, kann man zusammenfassend sagen, dass der Erzähler im Wesentlichen von drei zeitlich jeweils begrenzten Vorfällen erzählt: Nämlich erstens von der Verabredung mit der schönen Krämerin, zweitens von ihrem Drängen auf ein zweites Rendezvous und schließlich von der Entdeckung der beiden Leichen, deren Identität letztlich im Dunkeln bleibt. Diese Geschehnisse werden verhältnismäßig breit in szenischen Darstellungen ausgeführt. – Die dritte Szene enthält das Ereignis, um dessentwillen die Geschichte erzählt wird. Die beiden vorangehenden Szenen dienen dazu, dem Leser klarzumachen, welche Bedeutung dieses zweite Rendezvous für die Liebenden hat. Sie zeigen die Erwartungen der Figuren und wecken entsprechende Erwartungen beim Leser, der am Ende überrascht wird. – Die vier raffenden Berichte ordnen die Szenen in die räumlichen und zeitlichen Zusammenhänge ein und verbinden sie miteinander. Der abschließende Kommentar weist den Leser noch einmal auf die Bedeutsamkeit des Geschehens hin.

14 Die erste Erzähleinheit (Sequenz) spielt in Brienne; hier werden die räumlichen Umstände genannt und die Beziehungen zwischen dem jungen Napoleon und der Obstfrau dargestellt. Die Zeilen 26–41 bilden die zweite Erzähleinheit, die sich durch die sehr starke Raffung (ca. 20 Jahre in nur 16 Zeilen) von dem vorhergehenden und dem nachfolgenden Text deutlich

abhebt. Hier wird nur von Napoleon und von verschiedenen Plätzen der Weltgeschichte berichtet. In Z. 41 beginnt die dritte Erzähleinheit, die wiederum in Brienne spielt und ein Geschehen zwischen Napoleon und der Obstfrau weitgehend zeitdeckend schildert.
Innerhalb der Sequenzen wechseln die Erzählweisen.

Die erste Erzähleinheit beginnt mit einem gerafften Bericht über die Jugend Napoleons und seine geschäftliche Verbindung mit der Obstfrau (bis Z. 12); darin hat der Erzähler eine Bewertung seiner schulischen Leistungen eingebettet, die auch auf den weiteren Verlauf des Geschehens hinweist: „(...) und wie? Das lehrten in der Folge seine Kriege, die er führte, und seine Taten." (Z. 3–4). – Von Z. 13–21 wird die letzte Begegnung in einer zeitdeckenden Szene mit wörtlicher Rede dargestellt, wodurch die Bedeutung dieses Gesprächs unterstrichen wird. – Am Ende dieser Erzähleinheit gibt der Erzähler wieder einen Kommentar, der auf die folgenden Teile vorausdeutet: „Allein auf einer solchen Laufbahn (...) kann doch auch der beste Kopf so etwas vergessen, bis zuletzt das erkenntliche Gemüt ihn wieder daran erinnert." (Z. 22–26).
In der zweiten Erzähleinheit werden bedeutsame Ereignisse in rascher Folge sprunghaft an-
15 einander gereiht: „Napoleon wird in kurzer Zeit General (...). Napoleon geht nach Ägypten (...). Napoleon kehrt (...) nach Frankreich und Paris zurück (...) (Z. 26 ff.). Auch durch die historische und räumliche Ausweitung wird hier der Ablauf der Zeit verdeutlicht. – Wiederum steht am Ende dieses Abschnitts ein Kommentar, der auf den ersten und dritten Teil der Geschichte weist: „Aber ein Wort noch immer so gut, als bares Geld, und besser." (Z. 40 f.).
Die dritte Erzähleinheit beginnt mit einer kurzen Erinnerungsszene auf der Straße (Z. 41–55). – Nach einem kleinen Zeitsprung in Z. 54 wird das Geschehen im Zimmer der Obstfrau in einer ausführlichen Szene dargestellt (Z. 55–95). Die Schilderung dieses Wiedersehens und der anschließenden Belohnung machen etwa vier Zehntel der ganzen Geschichte aus. – Von der Z. 96 bis zum Ende gibt der Erzähler noch einen gerafften Bericht über die weitere Entwicklung, der mit einer Erinnerung an den Anfang der Geschichte endet: „(...) der Sohn wird (...) in der nämlichen Schule erzogen, aus welcher der große Held selber ausgegangen ist."

Auffällig ist die symmetrische Anlage dieser Kalendergeschichte. Hebel hat die erste und die dritte Erzähleinheit spiegelbildlich angeordnet. Beide spielen am gleichen Ort, und in beiden treffen die Hauptfiguren im Abstand von vielen Jahren aufeinander. Die Handlung wiederholt sich dabei, allerdings mit umgekehrten Vorzeichen: Zunächst ist die Obstfrau überlegen und verhält sich großzügig, in der zweiten Erzähleinheit ist es nun Napoleon, der in gesteigerter Form überlegen und großzügig ist. Dass Großzügigkeit mit Großzügigkeit vergolten wird und, wie der Text dem Leser nahe legt, auch vergolten werden sollte, spiegelt sich so auch im
16 Textaufbau.
Zwischen diesen beiden Erzähleinheiten ist ein extrem geraffter Bericht eingeschoben, der die zeitliche und soziale Distanz zwischen dem Geschehen im ersten und dritten Teil verdeutlichen soll. Vor und nach dieser Raffung macht der Erzähler jeweils eine Pause, in der einerseits das Geschehen kommentiert wird, andererseits auf vorhergehende und folgende Teile der Handlung hingewiesen wird. So kann auch ein ungeübter Leser dem Handlungsverlauf mühelos folgen. Die Gliederung des Textes zeigt also, wie durch Gegenüberstellungen, Unterbrechungen usw. dem Leser eine lehrhafte Aussage nahe gebracht werden soll.

Kapitel 2

Der Stoff

Im ersten Kapitel wurden die einzelnen Erzähleinheiten bzw. Sequenzen, aus denen erzählende Texte bestehen, untersucht. Es ging um die Unterscheidung von Sprechweisen des Erzählers (berichten, beschreiben, erörtern ...), um Fragen der Ausführlichkeit und der Gliederung. Gegenüber diesen Strukturelementen, die erst bei der Analyse zutage treten, werden die Zusammenhänge auf der Ebene des Geschehens schon beim oberflächlichen Lesen zur Kenntnis genommen. Sie werden im Folgenden genauer erläutert.

Wer eine Geschichte erzählt, lässt irgendwelche Figuren an irgendeinem Ort zu irgendeiner Zeit irgendetwas tun oder erleiden. Demzufolge hat jeder erzählende Text einen Stoff, der sich aus vier Elementen zusammensetzt. Es gibt

- eine Handlung, d.h. eine Abfolge von Geschehnissen,
- einen oder mehrere Schauplätze, auf denen sich etwas ereignet,
- eine Zeit, zu der und in der etwas geschieht,
- eine oder mehrere Figuren, die Handlung ermöglichen.

Diese vier Elemente stehen sowohl untereinander als auch zu der Intention des Autors in einem engen Zusammenhang. Zusammen machen sie die „erzählte Welt“ aus, die man sich beim Lesen des Textes vorstellt.

2.1 Die Handlung

In einer Geschichte werden einzelne Geschehnisse dargestellt; dabei kann es sich um Handlungen von Figuren oder auch um figurenunabhängige Ereignisse (Erdbeben) handeln. Diese Abfolge des Geschehens, auch „Fabel“ genannt, wird in der Inhaltsangabe erfasst. – Erzählhandlungen laufen gewöhnlich in drei Schritten ab:

a) **Ausgangssituation,** die für die Figur(en) Möglichkeiten zum Handeln bietet,
b) **Verhalten (Handeln)** der Figur(en), die eine der Möglichkeiten ergreift/ergreifen oder auch nicht,
c) **Ergebnis** des Verhaltens (Handelns), d.h. Erfolg oder Misserfolg der Figur(en).

Text 11

Brüder Grimm: Der süße Brei (1819)

Es war einmal ein armes frommes Mädchen, das lebte mit seiner Mutter allein, und sie hatten nichts mehr zu essen. Da ging das Kind hinaus in den Wald, und begegnete ihm da eine alte Frau, die wußte seinen Jammer schon und schenkte ihm ein Töpfchen, zu dem sollt es sagen „Töpfchen, koche", so kochte es guten süßen Hirsenbrei, und wenn es sagte „Töpfchen, steh", so hörte es wieder auf zu kochen. Das Mädchen brachte den Topf seiner Mutter heim, und nun waren sie ihrer Armut und ihres Hungers ledig und aßen süßen Brei, sooft sie wollten. Auf eine Zeit war das Mädchen ausgegangen, da sprach die Mutter „Töpfchen, koche", da kocht es, und sie ißt sich satt; nun will sie, daß das Töpfchen wieder aufhören soll, aber sie weiß das Wort nicht. Also kocht es fort, und der Brei steigt über den Rand hinaus und kocht immerzu, die Küche und das ganze Haus voll, und das zweite Haus und dann die Straße, als wollt's die ganze Welt sattmachen, und ist die größte Not, und kein Mensch weiß sich da zu helfen. Endlich, wie nur noch ein einziges Haus übrig ist, da kommt das Kind heim, und spricht nur „Töpfchen, steh", da steht es und hört auf zu kochen; und wer wieder in die Stadt wollte, der mußte sich durchessen.

Aufgabe 17

Stellen Sie die Handlungsschritte in den ersten 14 Zeilen dieses Märchens fest.

Der dritte Handlungsschritt kann wiederum die Ausgangssituation für eine neue Handlungsfolge bilden.

Handlungsschritte

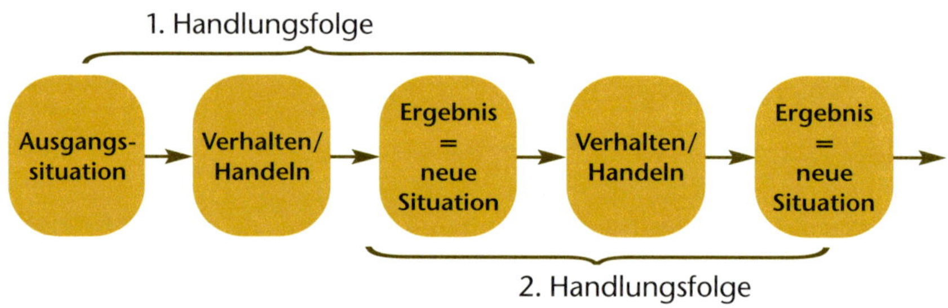

Einzelne Handlungselemente können ebenso wie einzelne Gegenstände eine zusätzliche Bedeutung haben. Als **symbolische Handlungen** weisen sie dann über sich selbst hinaus auf etwas anderes, besonders Bedeutsames hin, wie es z. B. die Bekreuzigung eines gläubigen Christen tut. Es ist daher ratsam, bei Handlungen oder Ereignissen, die besonders hervorgehoben oder öfter wiederholt werden, nach einer möglichen symbolischen Bedeutung zu fragen.

Text 12

Christine Lambrecht: Luise (1982)

In: Ch. L.: Dezemberbriefe. Geschichten. München 1986.

Als sie den Kopf hob, stand sie plötzlich vor drei Frauen, die lange, fremdartige Kleider trugen. Die drei sahen neugierig zu ihr. Luise blickte an sich herunter. Da war doch nichts Besonderes. Sie trug einen grünen Rock und flache Sportschuhe. Also ging sie weiter, bis an die Waschbecken heran.
Eine der Frauen sagte unvermittelt, daß sie aus Mali kämen, dabei sah sie abwartend in Luises Gesicht.
Luise wollte sich nur die Haare kämmen. Sollte sie jetzt sagen, daß sie aus Zerbst sei und keine Vorstellung von Mali hätte? Sie lächelte höflich und kramte verlegen in ihrer Tasche nach dem Kamm. Sie hatte ja nicht damit rechnen können, auf der Bahnhofstoilette von drei Afrikanerinnen angesprochen zu werden. Dann wäre sie vielleicht auch gar nicht hingegangen, bestimmt nicht. Schließlich hatten sich auch die Kollegen an ihre dunklere Hautfarbe gewöhnt und versuchten nicht mehr, nach ihrem Vater zu fragen.
Luise mühte sich mit dem Kamm im krausen Haar. Die Frauen sahen interessiert und freundlich zu. Während Luise noch überlegte, ob sie jetzt eindeutig und heftig fluchen sollte oder besser ein deutsches Volkslied singen, trat eine der Frauen plötzlich näher und hielt ihr die Hand fest. Dann fuhr sie mit einem kleinen Kämmchen, das nur drei lange Zinken hatte, in Luises Haar. Sie setzte immer wieder auf der Kopfhaut an und zog es nach oben, tat dann das gleiche bei sich und schob das Kämmchen in Luises Tasche. Dabei strich sie, wie zufällig, über Luises Hand, auch die anderen beiden taten das, bevor sie lächelnd aus dem Raum gingen.

Aufgabe 18

Klären Sie, welches die Merkmale der Situation sind, die in den ersten zehn Zeilen aufgebaut wird. Inwiefern ermöglicht oder erfordert diese Situation Handeln? Was ist das Resultat der Handlungen? Wird es mitgeteilt? Überlegen Sie, welche Rolle das Kämmen in dieser Geschichte spielt. ▣

Bei der Analyse des Geschehens ist es oft hilfreich, neben den äußeren Vorgängen die innere Entwicklung der Figuren gesondert zu betrachten. Man unterscheidet zu diesem Zweck

- die **äußere Handlung,**
  d.h. die Abfolge „sichtbarer" Vorgänge, und
- die **innere Handlung,**
  d.h. die geistige, seelische und moralische Entwicklung einer Figur.

Auch in der folgenden Satire des 1930 geborenen Sławomir Mrożek, der als der bekannteste polnische Autor dieses Jahrhunderts gilt, läuft die Erzählhandlung in drei Schritten ab.

Text 13

Sławomir Mrożek: Schuld und Sühne (1957)

Aus: S. M.: Die Giraffe. Copyright (c) 1992 by Diogenes Verlag AG Zürich

Ein stilles, lila Kinderzimmer. Im Bettchen schläft ruhig ein kleiner Junge, der sein Abendgebet nicht verrichtet hat. Daneben steht mit schamrotem, hinter der Hand verdecktem Gesicht ratlos der Schutzengel.

Der Bub war wieder den ganzen Tag über von einem Bösen zum nächsten geplantscht. Er hatte Konfitüre genascht, einen Buckel gemacht, nicht aufgepaßt und war gerannt. Vergeblich hatte der Engel ihn mit einem flehentlichen Wehen seiner Flügel umgeben, ihm Hinweise für ein rechtschaffenes und reines Leben zugeflüstert. Von einem Buckelmachen zum nächsten, von Rennen zu Rennen, vom zerschlagenen Knie zur zerrissenen Hose war der kleine Unglücksrabe immer tiefer gesunken. Nichts konnte ihn zurückhalten, weder die Erinnerung daran, daß sein Vater nichts dergleichen tue, noch die Berufung auf Piotr Pokrowski, den jungen Helden und Heiligen, noch das Summen religiöser Lieder, noch das Hinabstürzen des im ganzen Stadtviertel bekannten Buckligen in einen Abgrund, damit dem Kleinen das schlechte Beispiel aus den Augen käme.

Ohnmächtig stand der Schutzengel da. Die seinesgleichen zugänglichen Mittel hatte er erschöpft. Güte, Süßigkeit, milde Überredung, Besänftigung ... all das nützte nichts. Unerschüttert in seiner Verwerflichkeit, in seinem Hochmut, lag der Kleine da, war taub für die Stimme des Guten, hatte sein Abendgebet nicht verrichtet und sich beim Einschlafen sicherlich vorgestellt, welche Buckel er morgen machen werde.

Im Engel gewann plötzlich die Erbitterung die Überhand. Sollte das Gute in all seiner sanften Majestät nichts zu bedeuten haben gegenüber dem Eigenwillen eines kleinen Burschen? Die Verehrung des Guten verband der Engel mit einem gewaltigen Abscheu vor dem Bösen. Es kam der Augenblick, da das kleine Herz des dienenden Geistes stärker für die gute Sache schlug als das weite Herz des Guten selbst. Aus Liebe zum Recht wollte er das Recht brechen; dies sollte sein Opfer sein.

Er nahm seine Hand vom Gesicht, schlich leise zum Bett und gab dem Buben eine kräftige Maulschelle.

Der sprang erschrocken hoch. Unter dem Eindruck des Schlages sprach er schnell sein Abendgebet, murmelte etwas Unverständliches, legte sich nieder und schlief wieder ein.

Zitternd vor Erregung und Freude blickte der Engel lange in die Nacht hinaus.

Frisch und jung kam der Morgen. Während des Schlafes hatte sich in dem Kleinen die Erinnerung an den gestrigen Abend verwischt. Beim Frühstück wollte er wie üblich seine Milch nicht trinken. Von der Milch wurde ihm immer schlecht.

Da spürte er einen harten Tritt. Er kapierte und trank still seine Milch aus. Er verabschiedete sich von seiner Mutter und begab sich zur Schule. Artig ging er über die Straße, blieb nirgendwo stehen, sah sich nicht um. Er war auf der Hut, aber er war sich seiner Sache noch nicht sicher. Als er sich allein in einer leeren Allee befand, schaute er sich vorsichtig um und machte dann ganz schnell einen Buckel. Unverzüglich rief ihn eine kräftige Kopfnuß zur Ordnung. Es gab keine Zweifel mehr: sein Schutzengel haute ihn.

Der gute Geist fand Geschmack an der neuen Methode. Ihn blendete die Leichtigkeit, mit der er jetzt alles erreichen konnte, was früher trotz eines großen Aufwandes an gutem Willen und Geduld undenkbar war. Bald schon merkte er, daß sich diese Methode durch die entsprechende Spezialisierung der Hiebe bedeutend vervollkommnen ließ. Dabei empfand er eine ähnliche Freude wie ein frommer Organist, wenn er geschickt die richtigen Tasten erwischt. So gab es also für Tellernichtleeressen einen Tiefschlag, für Buckelmachen eine Kopfnuß, für Einschlafen ohne Abendgebet eine Maulschelle, für Rennen und Inschweißgeraten einen rechten Haken, für Plantschen in Pfützen einen linken Haken, für Lärmen, während Papa arbeitet, einen Tritt …

Mit dieser Methode brachte er es zu ausgezeichneten Erfolgen. Jetzt mußte der Schutzengel an den Abenden schon nicht mehr gedemütigt in der Ecke stehen und sein Gesicht in den Händen verbergen. Im Gegenteil, er setzte sich bequem hin und überwachte, während er sich die rechte Hand massierte oder mit den Fingern auf dem Tisch trommelte, zufrieden das brav und flüssig gesprochene Abendgebet. Manchmal wurde es ihm sogar langweilig, dann achtete er doppelt wachsam auf alles, was der Bub tat, und paßte auf eine Gelegenheit, um diesem durch einen kunstgerechten Hieb die Überlegenheit des Guten über das Böse zu beweisen.

Manchmal kam es sogar vor, daß der Junge, auch wenn er gar nichts angestellt hatte, einen kräftigen Schlag verspürte. Dann schlug ihn der Engel, um nicht aus der Übung zu kommen und für alle Fälle.

Der Bub veränderte sich sehr zu seinem Vorteil. Er rannte nicht mehr, machte keinen Buckel, lärmte nicht, verrichtete seine täglichen Gebete, aß seinen Teller leer. Auch äußerlich veränderte er sich. Infolge der reichlichen Mahlzeiten und des übermäßigen Milchgenusses – sobald seine Eltern nämlich sahen, daß er das ganze Glas austrank, glaubten sie, er möge jetzt Milch, und gossen ihm unaufhörlich nach – wurde er dick und blaß. Nachdem er alle Verbrechen des kindlichen Alters aus sich ausgetrieben hatte, verfügte er jetzt über viel freie Zeit und lernte es, seine Kräfte für sein Innenleben zu verwenden. Er wurde immer ernster, beobachtete seine Umgebung und beschäftigte sich schließlich mit Chemie. Wenn er fett und ruhig, geheimnisvoll in sich selbst verschlossen, auf einer Bank im Park saß und nicht einmal den Versuch unternahm herumzurennen, weil er wußte, daß er sofort einen schmerzhaften Haken bekäme, beugte er sich, während die anderen Kinder im Grase Fangen spielten, über sein Lehrbuch und drang immer tiefer in die Welt der Moleküle ein. Ein hartnäckiger, tief verborgener Gedanke durchpflügte seine kindliche Stirn.

Man fing an, ihn für ein Wunderkind zu halten, und alle waren mit ihm höchst zufrieden. Er arbeitete mit Ausdauer. Sein Vater hatte ihm eine kleine Werkstätte eingerichtet und ließ ihm bescheidene Mittel zukommen.

So verging die Zeit. Eines Nachts erhob sich eine gewaltige Feuersäule über der Stadt, und ein mächtiger Krach erschütterte die Umgebung. Durch eine bewundernswert geschickt, wenn auch dilettantisch gebaute Bombe mit hausgemachtem Dynamit gesprengt, flog das Elternhaus unseres Kleinen in die Luft. Der Bub lief bereits über die Felder; er hatte einen vorher schon gepackten Rucksack mit Lebensmitteln, Geld und einer Schiffskarte nach Südamerika auf dem Rücken. Ihm nach raste der Schutzengel, um ihm einen doppelseitigen Haken zu verpassen.

Aufgabe 19

Erläutern Sie die drei Handlungsschritte in diesem Text, und unterscheiden Sie die äußere von der inneren Handlung.

Aufgabe 20

Bestimmen Sie unter Beachtung der Zeitstruktur die Erzähleinheiten des Textes (vgl. Abschnitt 1.4); und überlegen Sie, ob und inwiefern die Handlungsschritte mit den „Textbausteinen“ übereinstimmen.

2.2 Die Figuren

Die Figuren, besonders die Hauptfigur, stehen im Zentrum des Leserinteresses. Ihr Verhalten und ihr Schicksal finden (zumindest beim ersten Lesen) die größte Aufmerksamkeit. – Mit dem Begriff „Figur“ bezeichnet man in erzählenden Texten neben den Menschen alle Wesen, die ein menschenähnliches Bewusstsein zeigen (Fabeltiere, sprechende Dinge im Märchen usw.).
Analysiert man eine Figur in einem erzählenden Text, wird man vor allem danach fragen müssen, welche Merkmale bzw. Eigenschaften sie aufweist (Charakterisierung) und in welcher Beziehung sie zu anderen Figuren steht (Konstellation). Zu überlegen ist auch, in welcher Weise sie der Autor bzw. die Autorin entworfen hat (Konzeption). – Die Erzählfigur wird in Kapitel 3 („Der Erzähler“) gesondert behandelt.

Gestaltung einer Figur

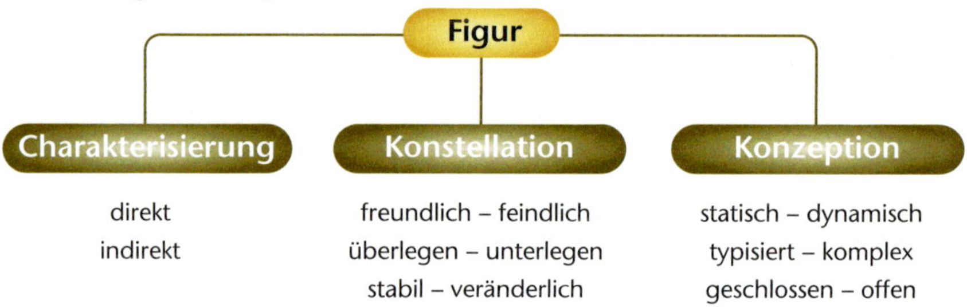

Die Charakterisierung der Figuren

Figuren sind mit bestimmten Merkmalen ausgestattet, sodass der Leser sie voneinander unterscheiden kann, sie sympathisch oder unsympathisch findet. Eigentlich sind sie nichts anderes als eine bestimmte Kombination mehr oder weniger zahlreicher Merkmale, aus denen sich der Leser ein Bild aufbaut. – Autoren verfügen über zwei Techniken, den Leser über die Merkmale einer Figur zu informieren, nämlich

die **direkte Charakterisierung**

- durch den Erzähler, der sie vorstellt, bewertet …,
- durch andere Figuren, die über sie sprechen usw.,
- durch die Figur selbst, die über sich spricht oder nachdenkt,

die **indirekte Charakterisierung**
- durch die Schilderung ihres Verhaltens,
- durch die Beschreibung ihres Äußeren,
- durch die Darstellung ihrer Beziehungen usw.

Als Beispiel für eine direkte Charakterisierung kann Hebels Kalendergeschichte „Schlechter Lohn“ (Text 2) dienen: Die Figuren werden explizit als „Spitzbube“ und „braver Kommandant“ bezeichnet. Kleist hingegen verzichtet in seiner Version der Geschichte (vgl. Text 3) auf direkte Charakterisierungen durch den Erzähler und überlässt es seinen Lesern, denen er offenbar mehr zutraut als Hebel, aus dem geschilderten Verhalten der Figuren und deren Äußerungen ihre Schlüsse zu ziehen.
Figuren werden also in direkter und indirekter Form durch ein Bündel von Merkmalen charakterisiert. Diese über den Text verteilten Informationen müssen zusammengestellt werden, wenn das Wesen und Verhalten einer Figur analysiert werden sollen.

Finden sich in (umfangreicheren) Texten sehr viele Merkmale, kann man sie nach folgenden Kategorien ordnen:

äußere Merkmale	• Alter, Körperbau, Aussehen, Kleidung …
soziale Merkmale	• Beruf, Bildung, gesellschaftliche Stellung, Beziehungen …
Verhalten	• Gewohnheiten, Verhaltensmuster, Sprechweise …
Denken und Fühlen	• Einstellungen, Interessen, Denkweise, Wünsche, Ängste …

Besonders ist darauf zu achten, welche Merkmale, z. B. durch Wiederholungen, besonders hervorgehoben werden.

Aufgabe 21
Untersuchen Sie in Text 10 („Kaiser Napoleon und die Obstfrau in Brienne“), welches Bild von Napoleon durch direkte und indirekte Charakterisierungen gegeben wird. ⊡

Nicht immer werden die Merkmale der Figuren so klar und eindeutig mitgeteilt. Besonders in längeren Texten verändern sich die Figuren oft erheblich, da seelisch-geistige Entwicklungsprozesse dargestellt werden. – Auch können die Informationen unvollständig, verborgen oder widersprüchlich sein, wie es nicht selten in kurzen Prosatexten der Gegenwart der Fall ist.

Aufgabe 22
Welche Informationen erhalten Sie über Luise in Text 12 („Luise“)? ⊡

Aufgabe 23
Stellen Sie fest, mit welchen Aussagen der Erzähler in der Satire „Schuld und Sühne“ (Text 13) den Jungen und den Engel direkt charakterisiert. – Vergleichen Sie diese direkte Charakterisierung der Figuren mit der indirekten Charakterisierung. – Wie wirkt das auf den Leser? ⊡

Die Konstellation der Figuren

Ebenso wie die Personen im realen Leben stehen die Figuren der erzählten Welt untereinander in vielfältigen Beziehungen: Sie sind durch Verwandtschaft, Beruf usw. miteinander verbunden; sie empfinden Zuneigung oder Abneigung füreinander; sie befinden sich in tasächlichen oder eingebildeten Abhängigkeiten. Häufig bilden sie Gruppen, die wiederum zu anderen Gruppen in Beziehung stehen. Dieses Beziehungsgefüge kann sich im Lauf der Handlung natürlich ändern. – Um die Figurenkonstellation zu erfassen, sollte man fragen:

- Welche Figuren sind partnerschaftlich verbunden? Aufgrund welcher Gemeinsamkeiten?
- Lassen sich die Figuren innerhalb einer Gruppe hierarchisch ordnen?
- Welche Figuren oder Figurengruppen stehen sich als Gegner gegenüber? Aufgrund welcher Interessen?
- Ist die Konstellation stabil? Oder ändern sich Partnerschaften, Gegnerschaften und Machtverhältnisse?

Aufgabe 24
Beschreiben Sie die Beziehung der Figuren in den Texten 10 („Kaiser Napoleon und die Obstfrau in Brienne“) und 13 („Schuld und Sühne“). ⊡

Oft steht eine **Hauptfigur** (auch als **Held** bezeichnet) im Mittelpunkt der Konstellation. Bei einer grafischen Darstellung findet man sie im Schnittpunkt der Beziehungen.

Die Konzeption der Figuren

Eine Figur wird vom Autor nach einem bestimmten Grundmuster angelegt. Dieses Konzept bewegt sich zwischen folgenden Gegensätzen:

- **Statisch oder dynamisch** (Handelt es sich um eine Figur, die sich gleich bleibt, oder um eine Figur, die sich im Verlauf der Handlung deutlich verändert?)
- **Typisiert oder komplex** (Handelt es sich um eine Figur mit wenigen Merkmalen oder um eine Figur mit vielen individuellen Eigenschaften?)
- **Geschlossen oder offen** (Handelt es sich um eine Figur mit klar verständlichen Wesenszügen oder um eine für den Leser mehrdeutige Figur mit unerklärlichem Verhalten?)

Für die Figurenkonzeption spielt es unter anderem eine Rolle, welche intellektuellen Ansprüche an den Leser gestellt werden. Eine Figur, die zugleich statisch, typisiert und geschlossen ist, eignet sich gut zum Helden bzw. dessen Gegenspieler in einfachen Texten (z. B. Micky Maus und Kater Karlo). Mit komplexen und dynamischen Figuren muss sich der Leser intensiver auseinander setzen, was sie aber auch interessanter und glaubwürdiger macht. Daher bietet z. B. Frau Beimer aus der „Lindenstraße" (komplex, dynamisch) mehr Gesprächsstoff als Stefan Derrick (statisch, typisiert).

Aufgabe 25
Vergleichen Sie die Konzeption der beiden Hauptfiguren in Text 9 („Die Geschichte des Marschalls von Bassompierre"). ▣

Aufgabe 26
Beide Figuren in „Schuld und Sühne" (Text 13) sind zwar dynamisch angelegt; aber sie sind nicht mit individuellen Merkmalen ausgestattet, sondern typisiert. Auf welche Absicht des Autors lässt diese Konzeption schließen? ▣

Welche Einstellung der Leser zu einer Figur gewinnt, wird zum Teil bereits durch deren Konzeption festgelegt. Dies zeigt sich in der folgenden Kurzgeschichte, die von einem Besuch in einem Wachsfigurenkabinett handelt und in der die Figuren recht unterschiedlich angelegt sind.

Text 14

Gabriele Wohmann: Wachsfiguren (1973)

In: G.W.: Habgier. Erzählungen. (c) Piper Verlag GmbH, München 1997, S. 41–44.

– Ach so, Hase geht auch mit, sagte Lilia mit fallendem Ton.

– Natürlich geht das Häschen mit, rief Tante Else.

Hase stand in seiner gewohnten Abwehrhaltung mit so weit wie möglich weggedrehtem Gesicht. Er spürte Wärme, plötzlich dicht: Tante Else hatte sich neben ihn gekauert, ihre Arme waren zu eifrig.

– Heute geht es mit, nicht wahr, das Häschen, sagt Tante Else.

Es tat Hase leid um Lilia: sie hatte das neue Kleid an mit den roten und schwarzen Spritzern und sah so erwachsen aus. Sie konnte ihn nicht gebrauchen. Er sagte nichts, die Lippen ließen sich nicht bewegen, aber es tat ihm leid. Das wäre nicht der Sonntag, den sie mit diesem Kleid haben könnte.

Onkel Willi kam aus der Küche ins Vorzimmer und ließ die Tür offen, und der heiße Waschgeruch strömte herein. Onkel Willi roch festlich nach den Blumen und Kräutern seiner Rasierpaste. Sein eckiges Gesicht war nicht hart wie an den Werktagen, sondern vom heißem Wasser aufgequollen und rot.

– Was macht der Hase für ein böses Gesicht, sagte er mit seiner Sonntagsstimme. Was macht er für 'n böses Gesicht, wenn er mitgehen darf, he? Jahre nach der Operation, die Oberlippe hatte nicht genug Platz, oder was war es sonst, auf jeden Fall fühlte er sich nicht wohl, wenn er lächeln mußte.

– Macht er ein böses Gesicht? rief Tante Else. Macht er denn eins?

– Na klar, sagte Onkel Willi, ich kann's nicht verstehen an so einem Tag, wo wir ihn mitnehmen.

Hase spürte, daß er jetzt etwas unternehmen mußte – nie war ein Frieden stabil genug. Er stieß eine Folge bettelnder Laute aus, hob die Hände, zwang sich, den Kopf ganz ihnen allen zuzukehren, das Gesicht zu heben, zu zeigen. Böses Gesicht. Lächeln, schlimmer als Schmerz, Unbehagen wie Krankheit. Kleines schreckliches Gesicht, schartig verzerrt und riesig rot geflügelt von den Ohrschalen. Es tat ihm leid für Lilia, auch ein bißchen für Tante Else und sogar für Onkel Willi, weil er so weich und sonntäglich gestimmt war.

– Na laßt uns doch gehn, sagte Tante Else. Undankbare Kinder verdienen ja gar nicht, daß man sich so mit ihnen anstellt.

Es tat ihm leid um Lilias Kleid, weil alle Aufmerksamkeit unterwegs, im Omnibus und in der Vorhalle an der Kasse, wie immer auf ihn gezogen war. Häschen mit der Häschenscharte, Mäuschen mit den Fledermäuschenohren. Es tat ihm so leid für Lilia. Wie hieß er eigentlich wirklich? Hatte er einen Namen? Wie die anderen: Willi, Else, Lilia. Kein Gesicht, keinen Namen. Er lief hinter den anderen her mit gesenktem Kopf, fühlte sich schläfrig vor Kummer.

– Da, seht euch das an, sagte Onkel Willi, schleppt man ihn mit, und er hält's nicht für nötig, sich die Figuren zu betrachten. Der Eintritt hat Geld gekostet, hörst du?

– Na laß ihn doch, sagte Tante Else.

Er mußte nur die Anstrengung machen, sich aufrecht vor sie hinzustellen und den Kopf zu heben, ihnen alles zeigen, dann hätte er ein Gesicht. Von unten herauf betrachtete er die Wachsfiguren. Lächelnd und steif und unantastbar, Schöne und Häßliche und Krüppel, Könige, Verbrecher. Irgendwann bekäme er dann auch einen Namen. Jemand würde dem Aufseher melden: da steht eine Figur ohne Namen. Sie fänden einen Namen. Er hielte ihnen sein Gesicht hin, ließe das Licht rot durch die Ohrflügel fluten.

Im Thronsaal blieb er zurück, erklomm das freie Podest. Er achtete nicht darauf, neben wen er sich gestellt hatte, nahm eine Haltung ein, die ihm bequem vorkam. Ohne zu lächeln, wie angenehm. Er hob das Gesicht und spürte es, spürte Augen und Nase und Lippenwunde, spürte das Licht in den Ohren. Er sah im angrenzenden Saal Lilias Kleid, die Farben schienen aus den Spritzern zu leuchten. Es erleichterte ihn: ein Tag für Lilias Kleid. Er beschloß, es nicht mehr lang hinauszuzögern, sondern so bald wie möglich das Atmen einzustellen.

Aufgabe 27

Gliedern Sie diese Kurzgeschichte in die Erzähleinheiten (vgl. Kapitel 1): Berücksichtigen Sie dabei die Schauplätze und die Zeitstruktur. Erläutern Sie die Erzählweisen in diesen Sequenzen. Achten Sie auf die Verteilung und die Funktion der Figurenrede.

Aufgabe 28

Überlegen Sie, wie die Figuren konzipiert sind und wie sich das auf die Sympathie des Lesers auswirkt.

2.3 Der Raum

Das Handeln von Figuren findet immer an bestimmten Orten statt, die eine charakteristische, einmalige Ausstattung haben. Im Extremfall kann dieser Ort für die Geschichte so gleichgültig sein, dass er gar nicht erwähnt wird, wie es z. B. in dem Märchen „Der süße Brei“ (Text 11) der Fall ist. – In vielen Fällen wird aber auf seine Lage, die Ausstattung mit Gegenständen usw. hingewiesen; der Schauplatz kann dann eine wesentliche Rolle spielen.

- Räumliche Gegebenheiten können eine **Voraussetzung für das Geschehen** sein (z. B. Nachbarschaft als Ausgangspunkt für einen Konflikt).
- Räumliche Gegebenheiten können **Figuren indirekt charakterisieren** (z. B. Zimmereinrichtungen).
- Räumliche Gegebenheiten können **Stimmungen ausdrücken**, die mit Erlebnissen der Figuren in geheimer Beziehung stehen bzw. diese widerspiegeln (z. B. ein Unwetter als Ausdruck sich zuspitzender innerer Konflikte).
- Räumliche Gegebenheiten können Inhalte und Probleme des Erzählten **symbolisch verdeutlichen** (z. B. Gegensätze wie oben und unten oder Mauern und Gräben).

Funktion von Räumen

Räume

- können Geschehen ermöglichen
- können Figuren charakterisieren
- können Stimmungen zeigen
- können Symbole sein

Aufgabe 29

Wie wird in Text 6 („Buddenbrooks") der Schauplatz beschrieben? – Was erfährt man in Text 10 („Napoleon und die Obstfrau in Brienne") über die Wohnung der Obstfrau (Z. 53 ff.)? – Welche Wirkungen sind beabsichtigt? ⊡

Aufgabe 30

In Wohmanns Kurzgeschichte „Wachsfiguren" (Text 14) wird die Hauptfigur in der ersten Szene zu Hause im Kreis der Familie gezeigt, in der zweiten Szene befindet sie sich inmitten von Wachsfiguren in einer Ausstellungshalle. Wie fühlt sich der Held an diesen beiden Orten, und welche Bedeutung hat der Gegensatz der Schauplätze für die Aussage des Textes? ⊡

Wie das Bühnenbild in einem Theaterstück kann auch die Ausgestaltung eines erzählten Schauplatzes mit aussagekräftigen Requisiten den Problemgehalt eines Textes spiegeln. Dies zeigt die folgende kleine Geschichte.

Text 15

Bettina Blumenberg: Lau (1981)

Aus dem Zyklus „Zuwendungen". In: Schreibheft 16, Essen 1981.

Die Fassade des Fachwerkhauses hat man erhalten. Die Innenräume sind unverändert. Von keinem Splitter des Erbhofes hatte man sich trennen wollen. Auf dem Querbalken über dem Haustor ist die Inschrift sorgfältig nachgemalt. Grell nun und zu bunt steht da: Westphaelischer Friede. Um ein Uhr sitzen sie alle um den alten Eichentisch versammelt. Zur Mittagsmahlzeit, pünktlich wie eh und je. Das Essen ist kalt, sagt der Bauer. Seit zwanzig Jahren guck ich mir das schon an, das lauwarme Gebräu, das spackig unter dem Gaumen klebt. Seit zwanzig Jahren fragst du mich täglich, ob es mir schmeckt. Seit zwanzig Jahren nicke ich, während der Hunger es mir reintreibt. Springt auf, wirft die Gabel wie einen flachen Flitschstein über den Tisch, daß sie die Gläser umsäbelt. Stampft mit dem Fuß auf, dem stiefelbeschwerten. Den geballten Trotz pflanzt er in den Absatz, der in den Dielenboden donnert, schmettert den Stuhl dazu, daß das

Mobilar erzittert und die Familie auf ihren Stühlen. In der Vitrine klirren die Gläser, zerscherbeln die kunstvoll aufgebauten Kristalltürme. Die geblümten Sammeltassen schlagen gegeneinander, stürzen zu Splittern. Die Frau schreit trotz der erschrockenen Starre. Fällt der schwere Ehrenteller für die pfründigste Mastkuh von der Wand, auf die Vitrine, die kippt. Gegen das Hanskind, den Nachkömmling, der den Zappelphilipp nicht mehr kennengelernt hat, der rettend nach dem Tischtuch greift. Zerrt die Decke an sich mit allen Terrinen, daß sich Suppen und Soßen und die große Ketschupflasche, ohne die Anne keine Mahlzeit beginnt, auf den Boden ergießen. Auf das beste Stück im Haus, den Perserteppich. Auf wieviele Speckseiten hat die Sippschaft dafür verzichtet. Und nun soll alles umsonst gewesen sein. Nur darum, weil heute wie immer das Essen so lau war. Als sei die Gewöhnung nicht das Sicherste im Leben.

Aufgabe 31
Untersuchen Sie, wie der Schauplatz in diesem Text dargestellt ist. Überlegen Sie, was dies zur Charakterisierung der Figuren und zur Verdeutlichung des Geschehens beiträgt.

2.4 Die Zeit

Bei der Analyse der Gliederung wird vor allem untersucht, wie viel Zeit der Erzähler für die Darstellung einzelner Abschnitte des Geschehens aufwendet (vgl. dazu Abschnitt 1.2). Es geht dabei um die Frage, wie das Geschehen in der erzählten Welt organisiert wird. – Unter dem Gesichtspunkt des Stoffs muss hingegen nach den verschiedenen Zeiterfahrungen gefragt werden, die die Figuren im Lauf der Handlung machen. Sie werden von geschichtlichen Ereignissen betroffen, und sie erfahren den Wechsel der Tages- und Jahreszeiten. Außerdem durchlaufen sie verschiedene Lebensabschnitte, in denen Zeit eine unterschiedliche Rolle spielt (Zeitdruck, Langeweile …) und das Vergehen der Zeit auch ganz unterschiedlich empfunden wird (Kindesalter, Greisenalter).
Den Zeitpunkt oder Zeitraum, zu dem bzw. in dem eine Figur Handlungen ausführt oder erleidet, kann man also unter verschiedenen Aspekten prüfen:

- In welcher **historischen Zeit** spielt die Handlung? (Politische, soziale … Hintergründe? Zeitgeist?)
- Verbinden sich mit der **Tages- oder Jahreszeit** besondere Stimmungen? (Mitternacht? Mai? Weihnachten? …)
- In welcher **Lebensphase** stehen die Figuren, und welche Rolle spielt die Zeit für sie?

Bedeutung der Zeit

Aufgabe 32

Erläutern Sie die Zeitbedingungen, unter denen der „Marschall von Bassompierre“ (Text 9, ab Z. 119) seine Erfahrungen beim zweiten Rendezvouz mit der schönen Krämerin macht.

2.5 Analyse des Stoffs

Die Analyse des Stoffs bietet direkten Zugang zum Problemgehalt eines Textes. In dem folgenden Fragenkatalog sind die verschiedenen Untersuchungsaspekte, die auf den vorigen Seiten vorgestellt wurden, zusammengefasst. In welcher Auswahl, in welcher Reihenfolge und mit welchem Schwerpunkt man die einzelnen Elemente (Handlung, Figuren, Raum, Zeit) untersucht, hängt natürlich von dem jeweiligen Text ab. – Um die verschiedenen Fragestellungen und Begriffe noch einmal anzuwenden, sollen sie an einer bekannten Parabel Kafkas erprobt werden.

Text 16

Franz Kafka: Vor dem Gesetz (1914)

Vor dem Gesetz steht ein Türhüter. Zu diesem Türhüter kommt ein Mann vom Lande und bittet um Eintritt in das Gesetz. Aber der Türhüter sagt, daß er ihm jetzt den Eintritt nicht gewähren könne. Der Mann überlegt und fragt dann, ob er also später werde eintreten dürfen. „Es ist möglich“, sagte der Türhüter, jetzt aber nicht.“ Da das Tor zum Gesetz offensteht wie immer und der Türhüter beiseite tritt, bückt sich der Mann, um durch das Tor in das Innere zu sehen. Als der Türhüter das merkt, lacht er und sagt: „Wenn es dich lockt, versuche es doch, trotz meines Verbotes hineinzugehen. Merke aber: Ich bin mächtig. Und ich bin nur der unterste Türhüter. Von Saal zu Saal stehen aber Türhüter, einer mächtiger als der andere. Schon den Anblick des dritten kann nicht einmal ich mehr ertragen.“ Solche Schwierigkeiten hat der Mann vom Lande nicht erwartet: das Gesetz soll doch jedem und immer zugänglich sein, denkt er, aber als er jetzt den Türhüter in seinem Pelzmantel genauer ansieht, seine große Spitznase, den langen, dünnen, schwarzen, tatarischen Bart, entschließt er sich, doch lieber zu warten, bis er die Erlaubnis zum Eintritt bekommt. Der Türhüter gibt ihm einen Schemel und läßt ihn seitwärts von der Tür sich niedersetzen. Dort sitzt er Tage und Jahre. Er macht viele Versuche, eingelassen zu werden, und ermüdet den Türhüter durch seine Bitten. Der Türhüter stellt öfters kleine Verhöre mit ihm an, fragt ihn über seine Heimat aus und nach vielem andern. Es sind aber teilnahmslose Fragen, wie sie große Herren stellen, und zum Schlusse sagt er ihm immer wieder, daß er ihn noch nicht einlassen könne. Der Mann, der sich für seine Reise mit vielem ausgerüstet hat, verwendet alles, und sei es noch so wertvoll, um den Türhüter zu bestechen. Dieser nimmt zwar alles an, aber sagt dabei: „Ich nehme es nur an, damit du nicht glaubst, etwas versäumt zu haben." Während der vielen Jahre beobachtet der Mann den Türhüter fast ununterbrochen. Er vergißt die anderen Türhüter, und dieser erste scheint ihm das einzige Hindernis für den Eintritt in das Gesetz. Er verflucht den unglücklichen Zufall, in den ersten Jahren rücksichtslos und laut, später, als er alt wird, brummt er nur noch vor sich hin. Er wird kindisch und, da er in dem jahrelangen Studium des Türhüters auch die Flöhe in seinem Pelzkragen erkannt hat, bittet er auch die Flöhe, ihm zu helfen und den Türhüter umzustimmen. Schließlich wird sein Augenlicht schwach, und er weiß nicht, ob es um ihn wirklich dunkler wird oder ob ihn nur seine Augen täuschen. Wohl aber erkennt er jetzt im Dunkel einen Glanz, der unverlöschlich aus der Türe des Gesetzes bricht. Nun lebt er nicht mehr lange. Vor seinem Tode sammeln sich in seinem Kopfe alle Erfahrungen der ganzen Zeit zu einer Frage, die er bisher an den Türhüter noch nicht gestellt hat. Er winkt ihm zu, da er seinen erstarrenden Körper nicht mehr aufrichten kann. Der Türhüter muß sich tief zu ihm hinunterneigen, denn der Größenunterschied hat sich sehr zuungunsten des Mannes verändert. „Was willst du denn jetzt noch wissen?" fragt der Türhüter, „du bist unersättlich." „Alle streben doch nach dem Gesetz", sagt der Mann, „wie kommt es, daß in den vielen Jahren niemand außer mir Einlaß verlangt hat?" Der Türhüter erkennt, daß der Mann schon an seinem Ende ist, und um sein vergehendes Gehör noch zu erreichen, brüllt er ihn an: „Hier konnte niemand sonst Einlaß erhalten, denn dieser Eingang war nur für dich bestimmt. Ich gehe jetzt und schließe ihn."

Aufgabe 33

Gliedern Sie den Text zunächst in Sequenzen (vgl. dazu die in Abschnitt 1.4 genannten Arbeitsschritte). ⊡

Aufgabe 34

Analysieren Sie den Text in Anlehnung an den folgenden Fragenkatalog. Fassen Sie die Ergebnisse im Hinblick auf die Wirkung des Textes zusammen. ⊡

Leitfragen zur Untersuchung des Stoffs

a) Analyse des Handlungsverlaufs

- Welche Handlungsschritte gibt es?
  Stimmen sie mit der Textgliederung überein?
- Wie hängen äußere und innere Handlung zusammen?
- Gibt es symbolische Handlungen?

b) **Analyse der Figuren**
- Welche Merkmale der Figuren werden dargestellt bzw. hervorgehoben? Gibt es Veränderungen?
  In welchem Verhältnis stehen direkte und indirekte Charakterisierungen?
- Wie sind die Figuren konzipiert? Gibt es bedeutsame Unterschiede in der Konzeption einzelner Figuren?
- In welchem Verhältnis stehen die Figuren zueinander? Verändert sich die Konstellation?

c) **Analyse des Raums**
- Welche Rolle spielt der Schauplatz für den Handlungsverlauf?
- Werden durch die räumliche Ausstattung Figuren indirekt charakterisiert oder Stimmungen ausgedrückt?
- Haben Schauplatz und Requisiten eine symbolische Bedeutung?

d) **Analyse der Zeitumstände**
- Wirken sich historische Vorgänge und Zustände auf Figuren und Handlung aus?
- Kommt den dargestellten Tages- und Jahreszeiten eine Bedeutung zu?
- Wie gehen die Figuren mit ihrer Zeit um?

In der Regel ist es weder nötig noch sinnvoll, diesen Fragenkatalog komplett und systematisch abzuarbeiten. Bei der Untersuchung der einzelnen Aspekte kommt es zwangsläufig zu Überschneidungen, und die einzelnen Aspekte haben in verschiedenen Texten unterschiedlich große Bedeutungen. Deshalb sollte man sich auf die Analyse derjenigen stofflichen Elemente konzentrieren, die besonders aussagekräftig erscheinen – bei Klausuren werden sie oft in der Aufgabenstellung vorgegeben –, und von dort aus Zusammenhänge aufzeigen (zum Verfahren bei Klausuren vgl. Kapitel 5).

2.6 Lösungsvorschläge zu den Arbeitsaufgaben

17 In den ersten drei Zeilen werden in wenigen Worten die unglücklichen Lebensumstände der beiden Hauptfiguren genannt; damit ist die Ausgangssituation klar. – Im zweiten Handlungsschritt ab Z. 4 ergreift nun eine der Figuren die Initiative, indem sie ihr Elternhaus verlässt und in der Welt ihr Glück sucht. – In den Z. 11–14 erfährt der Leser dann im dritten Handlungsschritt von dem positiven Resultat des Handelns. Das Problem der Ausgangssituation ist gelöst. – Damit endet das Märchen aber nicht, sondern das Ergebnis der Erzählhandlung, der Besitz des Zaubertöpfchens, wird im zweiten Teil des Textes (ab Z. 14) zur Ausgangssituation einer neuen dreischrittigen Handlung.

18 Die Ausgangslage ist die überraschende Begegnung mit den drei Afrikanerinnen auf der Bahnhofstoilette und das unerwartete Gesprächsangebot. Die Situation ist offen, voller Spannung, Handeln ist erforderlich. – Im zweiten Schritt kann sich die Hauptfigur nicht zum Handeln entschließen; sie zögert, während eine der Afrikanerinnen agiert und die Situation verändert. – Am Ende steht ein Ergebnis (Luise ist gegen ihren Willen gekämmt worden, hat eine Handlung erdulden müssen), das nicht bewertet wird und zur Interpretation reizt.
Hierbei muss die symbolische Bedeutung des Handlungselements „Kämmen" geklärt werden: Zwei alternative Arten des Kämmens stehen sich gegenüber, nämlich zum einen ein Versuch, das krause Haar zu glätten, und zum anderen das Bemühen, es besonders auffällig zu frisieren. Hierin (und auch in beiden unterschiedlichen Kämmen) verdeutlicht sich die Zugehörigkeit zum europäischen oder zum afrikanischen Kulturkreis. So wird in diesem Vorgang Luises Sonderstellung als Mischling symbolisch erfasst.

19 Zunächst wird die Verzweiflung des Schutzengels über die angeblichen Schandtaten des Jungen gezeigt (Situation). – Der Schutzengel entscheidet sich für gewalttätige Erziehungsmaßnahmen und führt diese über Jahre konsequent durch (Handeln). – Der Misserfolg dieses Erziehungsstils zeigt sich in dem Gewaltverbrechen des Jungen (Resultat).
Die äußere Handlung beschränkt sich auf die Darstellung der ersten Ohrfeige, den Bericht über die folgenden Züchtigungsmethoden und den überraschenden Sprengstoffanschlag am Schluss. Überwiegend wird von der moralischen bzw. seelischen Entwicklung des Engels und des ihm anvertrauten Kindes erzählt (innere Handlung). Innere und äußere Handlung stehen hier in einem engen kausalen Zusammenhang.

20 Die drei Handlungsschritte decken sich mit den Erzähleinheiten, deren erste (bis Z. 81) aus mehreren Bausteinen besteht: Sie beginnt mit einer zeitdeckenden (evtl. zeitdehnenden) Szene im Kinderzimmer (Z. 1–62), in die ein Rückblick des Erzählers auf den vergangenen Tag eingeschoben ist (Z. 7–28). Gezeigt wird die Ratlosigkeit des Schutzengels, die am Ende dieser Szene zu der folgenschweren Entscheidung für die körperliche Züchtigung führt (Z. 50 ff.). Darauf folgt eine leicht geraffte Szene, die am nächsten Morgen spielt und das neue Handeln der Figuren demonstriert (Z. 63–81). – In der zweiten Erzähleinheit berichtet der Erzähler zunächst vom weiteren Handeln des Schutzengels (Z. 82–122) und anschließend vom Verhalten des Jungen (Z. 123–155). In beiden Abschnitten wird das Geschehen stark gerafft. – Die dritte und letzte Erzähleinheit besteht nur aus einer Szene, in der das Resultat der Handlung in etwa zeitdeckend vorgeführt wird (Z. 156–169).

21 Im Wesentlichen werden zwei Merkmale Napoleons herausgestellt. – Zunächst werden seine politischen und militärischen Leistungen hervorgehoben. Dies geschieht in direkter Form durch die Bezeichnungen „groß" (Z. 1 und 99), „kenntnisreicher Soldat" (Z. 10 f.) und „der

beste Kopf“ (Z. 24). Durch die Aufzählung seiner Erfolge in der zweiten Sequenz wird er in gleicher Weise auch indirekt charakterisiert. – Als Napoleons zweiter Wesenszug werden Großzügigkeit, Ehrlichkeit und Dankbarkeit herausgestellt. In direkter Form geschieht dies in den beiden Kommentaren mit den Bewertungen „das erkenntliche Gemüt“ (Z. 25 f.) und „(…) ein Wort noch immer so gut, als bares Geld, und besser“ (Z. 40 f.). In der ausführlichen szenischen Darstellung wird diese Charakterisierung dann auch indirekt durch die Darstellung von Napoleons Verhalten bestätigt. – Während zu Beginn der Geschichte die Leistung der Hauptfigur im Vordergrund steht, wird der Leser in der zweiten Texthälfte gleichsam Zeuge der edlen Gesinnung. Eher beiläufig wird in einem kurzen Gedankenbericht noch indirekt auf Napoleons Gottvertrauen hingewiesen (Z. 46 f.).

22 Eine direkte Charakterisierung der Hauptfigur findet sich nicht. Wohl aber wird durch die Schilderung ihres Verhaltens ihre Unsicherheit erkennbar: „Luise blickte an sich herunter“ (Z. 3 f.), „Sie lächelte höflich und kramte verlegen …“ (Z. 13 f.). In indirekter Weise wird sie auch durch die Wiedergabe ihrer Gedanken (erlebte Rede) in den Zeilen 11 bis 19 charakterisiert: Ihr Selbstbewusstsein ist brüchig; sie wäre dieser Situation lieber aus dem Weg gegangen; und sie glaubt, dass sie aufgrund ihrer dunklen Hautfarbe nicht sofort akzeptiert wird.

23 Der Junge wird vom Erzähler direkt als „der kleine Unglücksrabe“ bezeichnet, der „immer tiefer gesunken“ ist (Z. 18 f.) und voller „Verwerflichkeit“ und „Hochmut“ ist (Z. 33 f.). Es wird vom „Bösen“ (Z. 8) und vom „Verbrechen des kindlichen Alters“ (Z. 133 f.) geredet. – Der Schutzengel hingegen erscheint im Vergleich als „ein frommer Organist“, der „geschickt“ zu „ausgezeichneten Erfolgen“ kommt (Z. 91 f. und Z. 102 f.) und dafür sorgt, dass sich der Junge „sehr zu seinem Vorteil“ verändert (Z. 123 f.).
Betrachtet man aber die Taten des Jungen zu Beginn des Textes (Rennen, Naschen …) und am Ende (Sprengstoffanschlag) sowie die Art, in der der Schutzengel sein pädagogisches Geschäft betreibt (z. B. Z. 93 ff.), ergeben sich ganz gegensätzliche Bewertungen. – Die direkte Charakterisierung des Erzählers ist offensichtlich ironisch und wird durch die indirekte Charakterisierung widerlegt. Auf diesem Widerspruch beruht zu einem großen Teil die unterhaltsame Wirkung des Textes.

24 Napoleon und die Obstfrau sind infolge ihrer für beide Seiten befriedigenden Geschäftsbeziehung partnerschaftlich verbunden. Aufgrund der Situation – Napoleon kann nicht zahlen – gewinnt die Obstfrau zu Beginn der Handlung eine leichte Überlegenheit. Dieses Machtverhältnis kehrt sich dann drastisch um, aber die Partnerschaft bleibt bestehen.
In „Schuld und Sühne“ ergibt sich schon aus der Bezeichnung der einen Figur als „Schutzengel“ eine zunächst partnerschaftliche und fürsorgliche Beziehung zwischen den beiden Figuren, die sich dann infolge des gewandelten Erziehungsstils in Gegnerschaft verkehrt.

25 Die Figur des Marschalls ist vergleichsweise komplex angelegt. Es finden sich Merkmale, die sich auf seinen Stand und Beruf („Marschall“), seinen Lebensstil („Bedienter“), sein Ansehen bei Frauen und seine Gefühle beziehen. Sein Verhalten ist eindeutig und unschwer nachzuvollziehen, daher kann man von einer geschlossenen Konzeption sprechen. Ob das Geschehen eine Veränderung im Wesen der Figur bewirkt und diese somit dynamisch angelegt ist, lässt sich aus dem abschließenden Kommentar nicht sicher entnehmen.
Auch die Frauenfigur ist mit einer Reihe von Merkmalen ausgestattet: Sie ist eine Krämerin, schön, ca. 20 Jahre alt, verheiratet, moralisch und empfindet eine unüberwindliche Leidenschaft für den Marschall. Da diese Merkmale aber widersprüchlich sind (Moral versus Leidenschaft) und das Rätsel ihres Verschwindens bzw. Todes nicht erklären, bleibt diese Figur geheimnisvoll (offene Konzeption).

26 Durch den Verzicht auf Individualität erkennt der Leser in den Figuren den Typ des „ungezogenen" Kindes und den Typ des autoritären Erziehungsberechtigten. Dadurch erhält der Text eine allgemein gültige, übertragbare Aussage. Um die Übertragbarkeit in die Lebenswirklichkeit des Lesers nicht zu behindern, verzichtet Mrożek auf eine räumliche oder zeitliche Fixierung des Geschehens.
Man kann den Text Mrożeks, der 1968 wegen seiner kritischen Haltung zur Regierungspolitik aus Polen ausgebürgert wurde, als Satire auf die politischen Verhältnisse im damals sozialistischen Polen deuten. Dann erweisen sich die Figuren als Verkörperungen einer diktatorisch gewordenen Staatsmacht und eines durch den Unterdrückungsapparat zunächst in die Lethargie, dann in den Aufstand getriebenen Volkes.

27 Die Kurzgeschichte besteht aus zwei Sequenzen, die durch einen Zeitsprung (nach Z. 56) getrennt sind. Bis Z. 56 werden die Vorbereitungen zum Ausflug zeitdeckend dargestellt. Dabei wechseln sich Abschnitte, in denen die Familienmitglieder in direkter Rede über „Hase" sprechen, mit Textpassagen ab, in denen vorwiegend „Hases" Empfindungen wiedergegeben werden. Der Kontrast zwischen den teils vorwurfsvollen, teils verständnisvollen Redebeiträgen und gefühlvollen Gedanken der Hauptfigur lässt „Hases" Lebenssituation deutlich hervortreten.
In Z. 57 beginnt die zweite Sequenz mit einem erinnernden Rückgriff der Hauptfigur, wodurch der Zeitsprung und der Schauplatzwechsel geklärt werden. Auch dieser Besuch im Wachsfigurenkabinett wird annähernd zeitdeckend dargestellt. Anders als in der letzten Sequenz, in der die familiären Verhältnisse im Vordergrund stehen, geht es hier (von einem kleinen Dialog abgesehen) nur noch um die Darstellung von „Hases" Gedanken. Der Leser begleitet den Helden auf seinem Weg zu einer nur scheinbaren Problemlösung.

28 Die drei Nebenfiguren werden nicht individuell dargestellt, ihrem Verhalten kann man nur verschiedene Formen der Ablehnung entnehmen (indirekte Charakterisierung). Sie sind als Typen konzipiert und bleiben für das Verständnis des Lesers offen; besonders Lilias Rolle in dieser Konstellation bleibt ganz unklar.
Die Hauptfigur ist hingegen erheblich komplexer angelegt. Der Leser erfährt genügend Wesensmerkmale, um ihr Verhalten nachvollziehen zu können. Sie ist eine geschlossene Figur. Wie in diesem Fall wird in erzählenden Texten vielfach die Sympathie des Lesers auf die komplexen, geschlossenen und dynamischen Figuren gelenkt.

29 Im zweiten Abschnitt von „Buddenbrooks" wird mit wenigen Worten das Sofa beschrieben („mit einem goldenen Löwenkopf", „Polster hellgelb überzogen"), sodass der Leser den Eindruck eines wohlhabenden, großbürgerlichen Haushaltes gewinnt. Dadurch werden die Figuren ebenso charakterisiert wie durch die Bezeichnung „Konsulin" und den Hinweis auf das Seidenkleid.
Auch die knappe Beschreibung des Raumes, in dem die Obstfrau in Brienne mit ihren Kindern lebt („ein kleines, aber reinliches Zimmer", Z. 56), charakterisiert zugleich die Figur: arm, aber anständig.

30 Die erste Szene zeigt, wie sich „Hase" daheim im Kreise der Familie bedroht fühlt. Am zweiten Ort dieser Geschichte, zwischen den leblosen Figuren im Wachsfigurenkabinett, fühlt er sich hingegen geborgen und heimisch. Die „normalen" Verhältnisse werden somit umgedreht. Das Wachsfigurenkabinett wird zum „räumlichen Symbol" für die Ausgrenzung des Jungen aus der Gemeinschaft der Menschen und seinen verzweifelten Todeswunsch.

31 Durch die Beschreibung der Inneneinrichtung werden die Bewohner indirekt charakterisiert. Sie sind umgeben von Dingen ohne Gebrauchswert, die als Statussymbole zur Schau gestellt

werden. Die „kunstvoll aufgebauten Kristalltürme", die „geblümten Sammeltassen" und der „schwere Ehrenteller" orientieren sich ebenso wenig an den Bedürfnissen des alltäglichen Lebens wie der „Perserteppich" unter dem Esstisch. – Das Problem, das dem Ausbruch des Bauern zugrunde liegt, wird schon in den ersten drei Sätzen bei der Beschreibung des Hauses symbolisch verdeutlicht: „Die Fassade (…) hat man erhalten. Die Innenräume sind unverändert. Von keinem Splitter (…) hat man sich trennen wollen." Auch in der Beziehung zu seiner Frau hat der Bauer keine Veränderungen zugelassen, alles in gewohnter Weise weiterlaufen lassen und so lange Frustrationen aufgehäuft, bis sie sich explosiv entladen.

32 Die historische Situation ist gekennzeichnet durch das Auftreten der Pest in Paris. Dies schafft ebenso wie die Tageszeit – es ist zehn Uhr nachts – eine unheimliche Atmosphäre. Das Zeitempfinden der verliebten Hauptfigur wird besonders durch seine Ungeduld bestimmt. Alle drei zeitlichen Aspekte bauen beim Leser Spannung auf.

33 Da sich der Schauplatz und die Figurenkonstellation nicht verändern, kann die Sequenzbildung allein nach der Zeitstruktur vorgenommen werden. Die erste Sequenz, eine szenische Darstellung mit direkter Rede, reicht bis Z. 30 („Ankunft"). Von Z. 30–62 folgt ein geraffter Bericht über die Ereignisse vieler Jahre („Warten auf den Einlass"). Die direkte Rede in dieser Sequenz (Z. 43 f.) beinhaltet nicht einen einmaligen, sondern einen über Jahre wiederholten Satz. Die dritte Sequenz (Z. 62–82) wird wiederum von einer szenischen Darstellung mit direkter Rede gebildet („Tod").

34 Analyse des Handlungsverlaufs:
Die drei Handlungsschritte entsprechen den Erzählsequenzen. Im ersten Teil trifft der „Mann vom Lande" auf eine unerwartete Situation, ihm wird der Eintritt in das Gesetz verwehrt. Wenn er nicht ganz von seinem Vorhaben ablassen will, hat er zwei Alternativen, nämlich sich entweder den Zugang zu erzwingen oder auf die Erlaubnis des Türhüters zu warten. Er entscheidet sich für die passive Variante. Im zweiten Teil wird sein weiteres Verhalten dargestellt, die gewählte Strategie wird trotz mangelnder Erfolge unverändert beibehalten. Der dritte Teil zeigt als Resultat der Handlung das endgültige Scheitern des Mannes. Dabei wird der Misserfolg ins Überdimensionale gesteigert, denn es ist keine beliebige Aufgabe, die der Mann nicht bewältigt hat, sondern die eigens für ihn bestimmte (Lebens-)Aufgabe. – Die äußere Handlung ist sehr gering; die innere aber auch. Nach der ersten Sequenz sind keine Handlungsfortschritte mehr erkennbar. – Der gesamte Handlungszusammenhang ist so unrealistisch, dass er symbolisch verstanden werden muss.

Analyse der Figuren:
(Charakterisierung) Über die Figuren werden nur sehr wenige Informationen gegeben. Zu dem Mann wird in direkter Form nur gesagt, dass er „vom Lande" ist und dass er im Laufe der Jahre körperlich und geistig verfällt. Aus der Schilderung seines Verhaltens kann man noch erschließen, dass er ängstlich und autoritätsgläubig ist (Z. 21 ff.), aber auch unbeirrbar sein Ziel verfolgt. Über den Türhüter wird direkt gesagt, dass er sich teilnahmslos verhält (Z. 36) und dass er „mächtig" ist (Z. 15). Letzteres sagt er aber selbst über sich, und das muss nicht stimmen. Aus der Sicht des Mannes scheint er zudem Furcht einflößend zu sein (Z. 22 ff.). Aus dem Gang der Handlung kann der Leser erschließen, dass der Türhüter nicht dem Alterungsprozess unterliegt, wie er bei dem Mann sichtbar wird.
(Konzeption) Die Merkmale der Figuren ergeben zusammen kein klares Bild; besonders unerklärlich ist der Türhüter. Sein Wesen und Verhalten sind auf ein einziges Merkmal beschränkt, nämlich das Hindernis zu sein, weshalb jemand seinen vorgezeichneten (Lebens-)Weg nicht gehen kann. Entsprechend typisiert ist der Mann als jemand, der sein Ziel vor Augen

hat, aber daran gehindert wird, es zu erreichen. Beide Figuren sind offen und statisch. Es gibt keine innere Entwicklung, beim Mann nur Verfall.
(Konstellation) Die Beziehungen sind einfach und verändern sich nicht. Die Überlegenheit des Türhüters ist von Anfang an groß und wächst weiter. Für den Mann ist er der wichtigste, später sogar der einzige Gegner (Z. 48). Umgekehrt hat der Mann vom Lande für den Türhüter aber keine erkennbare Bedeutung. – Das Verhalten der Figuren versinnbildlicht somit einen einzigen Vorgang. Eine mächtige Gestalt verwehrt einer schwächeren den Weg zu ihrem Lebensziel. Oder anders gesagt, eine ängstliche Gestalt lässt sich von einer mächtigen bis zur lebenslangen Handlungsunfähigkeit einschüchtern.

Analyse des Raums:
Die räumlichen Gegebenheiten sind eine entscheidende Voraussetzung des Geschehens. Zu unterscheiden sind „draußen" und „drinnen". Drinnen befindet sich „das Gesetz", das für den Mann das einzige und höchste Ziel ist und auf das er Anspruch zu haben meint (Z. 19 ff.). Draußen wartet der Mann, für den zwar ein eigener Eingang offen steht, der aber nicht in der Lage ist, an dem Türhüter vorbei seinem Ziel auch nur einen Schritt näher zu kommen. – Ebenso wie die Figuren und die Handlung ist die räumliche Anlage symbolisch zu werten: Jemand hat ein klares Lebensziel, der Weg dorthin liegt offen vor ihm, aber aufgrund eines einzigen Hindernisses kann er seinen Weg nicht gehen und vergeudet sein Leben in sinnlosem Warten.

Analyse der Zeit:
Die historische Zeit spielt ebenso wie die Tageszeit oder Jahreszeit keinerlei Rolle. Die Handlung betrifft nicht einen bestimmten Lebensabschnitt, sondern das ganze Leben eines Menschen. Es geht um ein existenzielles Problem.

Zusammenfassung der Ergebnisse:
Durch den Verzicht auf individualisierende Merkmale bei Figuren, Raum und Zeit wird deutlich, dass es sich bei dieser Geschichte um ein Gleichnis für eine menschliche Grunderfahrung handelt. Dargestellt wird ein Mensch, der seinen Lebenszweck zwar kennt, aber nicht in der Lage ist, das erste Hindernis auf dem Weg dorthin zu überwinden. Damit wird sein ganzes Leben sinnlos. Die Geschichte berührt den Leser, weil er den Türhüter als Bild für seine ganz persönlichen Lebenshindernisse, Versagensängste usw. verstehen kann. Für Franz Kafka war dies zeitlebens auch mit dem Bild seines vitalen und burschikosen Vaters verbunden, das ihn daran hinderte, sich in jedweder Hinsicht zu verwirklichen.

Kapitel 3

Der Erzähler

3.1 Erzähler und Autor

In der Sciencefictionerzählung „Der Kontakt" des rumänischen Autors Vladimir Colin landet ein Astronaut auf einem fremden Planeten und macht folgende Beobachtungen:

Text 17

Vladimir Colin: Der Kontakt

Aus: Darko Súvin: Andere Welten, andere Meere. Alle Rechte an der deutschen Übersetzung von Wulf Bergner beim Wilhelm Goldmann Verlag GmbH, München.

(…) Ich bewege mich auf das Grün zu, das den Ostrand der gelben Fläche begrenzt. Und ich frage mich von neuem verwirrt, was diese dunklen Säulen sein können, die zahllose dünne, unregelmäßig geformte längliche Fortsätze nach allen Seiten hin ausstrecken – ein eigenartiges Skelett, das zur Hälfte unter grünen Teilen etwa gleicher Form und Größe verschwindet. Im Gegensatz zu dem dunklen Skelett bewegen sich die grünen Teile unablässig, und ihre Rastlosigkeit suggeriert mir auf eigentümliche Weise Gefahr und Vergänglichkeit. Die unbeweglichen Säulen, die gleich weit voneinander entfernt sind, erinnern an in Reihen aufgestellte Maschinen, aber ihr Verwendungszweck ist mir unerklärlich; ich kann nur feststellen, wie zerbrechlich sie sind. Ihre grünen Teile, wenn man sie Teile nennen kann, sind ungewöhnlich zart. Ich finde keine Worte, um die zarten Linien zu beschreiben, von denen sie überzogen sind, und ich glaube nicht, daß jemand auf unserem Planeten sie imitieren könnte. Auf dieser Welt, die kleiner als unsere ist, ist logischerweise alles zerbrechlicher, aber der Unterschied zwischen meiner ursprünglichen Vorstellung und der hier beobachteten Wirklichkeit ist so groß, daß ich bestimmt weiß, daß ich nicht genau erklären kann, wie ich den Begriff„ zerbrechlich" verstehe.

Diese Zerbrechlichkeit ist beunruhigend: Sie erweckt in mir ein Gefühl zärtlichen Mitleids. Ich habe den Eindruck, hier sei alles schwach, labil und wenig belastbar. Als ich leicht gegen die schwarze Säule vor mir drücke, bleibt die Spur des ausgeübten Drucks in dem weichen Material zurück – ein sicheres Zeichen für strukturelle Mängel. Etwas bewegt sich rasch auf mich zu. Kann das ein Lebewesen sein – dieser Zylinder, der sich auf vier beweglichen Elementen nähert, während ein fünftes sich an seinem Ende in ständiger hastiger Bewegung befindet? Als es näher kommt, erkenne ich seine Augen und eine Öffnung, die sich krampfhaft öffnet und wieder schließt. Ich frage mich, ob es Laute ausstößt, die ich nicht hören kann. Es beschreibt einen Kreis unter mir und versucht, mit Hilfe der beweglichen Elemente an mir hochzuspringen. Mit Ausnahme der Augen ist der ganze Körper mit unzähligen weißen Fühlern bedeckt, die mich an die Fühler der gelben Stengel erinnern … Kann dieser absurde Zylinder ein Apparat sein, der zur Erkundung ausgeschickt worden ist? Das würde bedeuten, daß man meine Anwesenheit bemerkt hat, was schließlich zu erwarten wäre. (…)

Aufgabe 35

Diese eigentümlichen Phänomene sind Ihnen sicherlich bekannt. Worum handelt es sich, und warum wirken sie so fremdartig? Wer spricht hier eigentlich? ⊡

Es zeigt sich, dass der Autor der Geschichte, Vladimir Colin, nicht mit dem Erzähler, einem Außerirdischen, identisch sein kann. Offenbar hat der Autor eine Figur erfunden, die ihrerseits die Geschichte erzählt. Eine solche Erzählfigur ist typisch für erzählende Texte und wird allgemein als **Erzähler** bezeichnet, womit also nicht der Autor gemeint ist.

Der **Standort** dieses Erzählers bzw. sein **Blickwinkel** (seine **Perspektive**), aus dem er das Geschehen berichtet, beschreibt oder kommentiert, entscheiden darüber, wie der Leser den Stoff wahrnimmt.

Außerdem hat eine solche Erzählfigur eigene **Wertvorstellungen** (einen eigenen Standpunkt). Diese Einstellungen, Ansichten und Meinungen werden greifbar, wenn einzelne Handlungen, Charaktermerkmale, räumliche Details usw. bewertet werden. Dies geschieht oft eher beiläufig in beigefügten Adjektiven oder bildhaften Wendungen („[…] unter Genehmigung eines hohen und wohlweisen Senates […]", Text 6, Z. 30 f.) und manchmal besonders auffällig in eingeschobenen Kommentaren des Erzählers (z. B. in Text 2, Z. 28 f.).

Aufgabe 36

Was erfährt man in Text 17 („Der Kontakt") über den Standpunkt bzw. die Wertvorstellungen des Astronauten?

Die Perspektive und die Wertvorstellungen des Erzählers können mit denen des Autors ganz oder teilweise übereinstimmen. Colins Sciencefictiongeschichte zeigt aber, dass sie auch ganz unterschiedlich sein können. Deshalb muss bei der Analyse erzählender Texte grundsätzlich zwischen dem Autor und dem fiktiven Erzähler unterschieden werden.

Der **Autor**
ist eine real existierende Person, die eine bestimmte Intention hat, vor der Niederschrift eines Textes über Auswahl und Anordnung des Stoffs entscheidet und festlegt, in welcher Weise dieser Stoff erzählt wird.

Der **Erzähler**
ist eine vom Autor erfundene Figur (oft aber auch nur eine anonyme „Erzählinstanz"), die im Text auftritt und den Stoff aus ihrer Perspektive vermittelt und unter Umständen auch eigene Ansichten dazu äußert.

Aufgabe 37
Beschreiben Sie den Unterschied zwischen Autor und Erzähler am Beispiel von Text 9 („Die Geschichte des Marschalls von Bassompierre"). Erläutern Sie die Wertvorstellungen dieses Ich-Erzählers.

Aufgabe 38
Im letzten Satz der Kalendergeschichte „Untreue schlägt den eigenen Herrn" (Text 1) wird die Prügelstrafe ausdrücklich zur Nachahmung empfohlen. Überlegen Sie, wer diesen Vorschlag macht.

Der Erzähler kann in zwei Gestalten auftreten, nämlich als Ich-Erzähler oder als Er-Erzähler. Und er kann unterschiedliche Verhaltensweisen zeigen, auktoriales oder personales bzw. neutrales Verhalten.

Möglichkeiten des Erzählerverhaltens

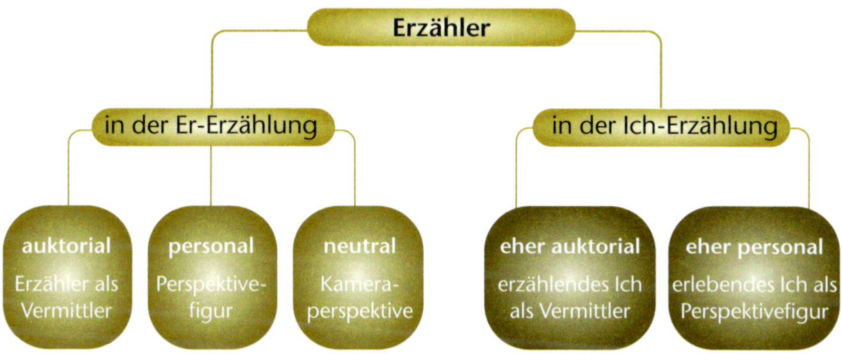

3.2 Er-Erzählung und Ich-Erzählung

Vladimir Colins Geschichte „Der Kontakt" ist eine **Ich-Erzählung.** Der Ich-Erzähler ist zugleich eine handelnde Figur und als solche deutlich zu erkennen und zu beschreiben. Er erzählt in der Ich-Form von dem Geschehen, und wie bei Autobiographien ist sein Blickwinkel auf seine Erfahrungen beschränkt. Von Gefühlen und Gedanken kann er nur bei sich selbst berichten. Andere Figuren können nur in der Außensicht dargestellt werden; der Ich-Erzähler hat keinen Einblick in ihr Innenleben.

In der **Er-Erzählung** spielt der Erzähler selbst keine Rolle in der Handlung, er erzählt nur die Geschichte anderer Figuren (in der Er-, Sie- oder Es-Form). Der Er-Erzähler tritt daher nicht als eine eigenständige, ausgestaltete und beschreibbare Figur auf, wie es der Ich-Erzähler ist. Der Er-Erzähler ist gewöhnlich nur daran zu erkennen, wie er das Geschehen erzählt und gegebenenfalls kommentiert. Daher liegt die Gefahr nahe, ihn einfach mit dem Autor gleichzusetzen. Doch auch wenn der Er-Erzähler nicht als charakterisierbare Figur zu greifen ist, existiert er doch als ein vom Autor eingesetztes Medium mit eigenem Standort und eigenen Einstellungen, die analysiert werden müssen. Auch für Er-Erzählungen gilt also, dass Autor und Erzähler nicht identisch sind. Wenn es z. B. in Mrożeks Text „Schuld und Sühne" (Text 13) heißt „Der Bub veränderte sich sehr zu seinem Vorteil." (Z. 123 f.), ist dies offensichtlich nicht die Meinung des Autors, sondern die eines von Mrożek erfundenen Erzählers, der das Geschehen von einem autoritären Standpunkt aus kommentiert.

Aufgabe 39
Handelt es sich bei Hebels Kalendergeschichte „Untreue schlägt den eigenen Herrn" (Text 1) um eine Er- oder um eine Ich-Erzählung?

Aufgabe 40
Welche Änderungen wären die Folge, wenn die Geschichte „Schuld und Sühne" (Text 13) in der Ich-Form von dem kleinen Jungen erzählt würde?

3.3 Erzählerverhalten in der Er-Erzählung

Die Erzählfigur kann auf zwei unterschiedliche Weisen konzipiert sein. Im ersten Fall tritt sie für den Leser deutlich in Erscheinung, d. h., sie verhält sich **auktorial.** Im zweiten Fall zieht sie sich so weit zurück, dass sie kaum noch bemerkt wird, man spricht dann von einem **personalen** Erzähler oder einem personalen Erzählerverhalten.

Auktoriales Erzählerverhalten

Hierbei tritt der Erzähler deutlich in Erscheinung als **Urheber und Vermittler** der Geschichte:
Er mischt sich in das Geschehen, indem er Handlungen kommentiert, Vergangenes nachträgt oder auf Zukünftiges hinweist. Auf diese Weise

kommuniziert er mit dem Leser, dem er eventuell Erklärungen gibt und den er möglicherweise auch direkt anredet oder zum Nachdenken auffordert (wie dies z. B. Hebel in den Kalendergeschichten macht). – Durch die Anwesenheit eines auktorialen Erzählers können Texte den Charakter eines „Gesprächs“ mit dem Leser bekommen. Dies ist etwa für Romane und Erzählungen des 18. und 19. Jahrhunderts typisch.

Zu dem Geschehen selbst hat der auktoriale Erzähler eine **große Distanz:** Er erzählt von einem überlegenen Standort aus und sieht dabei das Geschehen aus einer anderen Perspektive als die beteiligten Figuren. Die gesamte Handlung einschließlich der Vor- und Nachgeschichte kennt er genauso gut wie die Gedanken- und Gefühlswelt aller Figuren (daher auch die Begriffe „allwissender“ Erzähler, „homerische Weltsicht“ und „olympischer“ Standort). – Es wird dem Leser deutlich, dass der Erzähler über wesentlich mehr Informationen verfügt als die handelnden Figuren.

Text 18

Siegfried Lenz: Das unterbrochene Schweigen (1975)

In: S.L.: Der Geist der Mirabelle. Geschichten aus Bollerup.
(c) Hoffmann und Campe Verlag, Hamburg 1975.

Zwei Familien, Nachbarn, gab es in Bollerup, die hatten seit zweihundert Jahren kein Wort miteinander gewechselt – obwohl ihre Felder aneinandergrenzten, obwohl ihre Kinder in der gleichen Schule erzogen, ihre Toten auf dem gleichen Friedhof begraben wurden. Beide Familien hießen, wie man vorauseilend sich gedacht haben wird, Feddersen, doch wollen wir aus Gründen der Unterscheidung die eine Feddersen-Ost, die andere Feddersen-West nennen, was auch die Leute in Bollerup taten.
Diese beiden Familien hatten nie ein Wort gewechselt, weil sie sich gegenseitig – wie soll ich sagen: für Abschaum hielten, für Gezücht, für Teufelsdreck mitunter; man haßte und verachtete sich so dauerhaft, so tief, so vollkommen, daß man auf beiden Seiten erwogen hatte, den Namen zu ändern – was nun unterblieben war, weil die einen es von den anderen glaubten erwarten zu können. So hieß man weiter gemeinsam Feddersen, und wenn man die Verhaßten bezeichnen wollte, behalf man sich mit Zoologie, sprach von Wölfen, Kröten, von Raubaalen, Kreuzottern und gelegentlich auch von gefleckten Iltissen. Was den Anlaß zu zweihundertjährigem Haß und ebenso langem Schweigen gegeben hatte, war nicht mehr mit Sicherheit festzustellen; einige Greise meinten, ein verschwundenes Wagenrad sei die Ursache gewesen, andere sprachen von ausgenommenen Hühnernestern; auch von Beschädigung eines Staketenzauns war die Rede.
Doch der Anlaß, meine ich, ist unwichtig genug, er braucht uns nicht zu interessieren, wohingegen von Interesse sein könnte, zu erfahren, daß in beiden Familien alles getan wurde, um dem Haß dauerhaften Ausdruck zu verleihen. Um nur ein Beispiel zu geben: wenn in einer Familie die Rede auf den Gegner kam, machten eventuell anwesende kleine Kinder ungefragt die Geste des Halsabschneidens, und wie mein Schwager wissen will, verfärbten sich sogar anwesende Säuglinge – was ich jedoch für eine Mißdeutung

halte. Fest steht jedoch, daß die Angehörigen beider Familien bei zwangsläufigen Begegnungen mit geballten Fäusten wegsahen oder automatisch Zischlaute der Verachtung ausstießen. Gut. Bis hierher setzt das keinen in Erstaunen, etwas Ähnliches hat jeder wohl schon mal gehört.

Doch Erstaunen mag vielleicht die Ankündigung hervorrufen, daß das feindselige Schweigen an einem Gewitterabend gebrochen werden wird – aber ich will nacheinander erzählen.

Nach zweihundertjährigem Schweigen waren an einem Abend die Vorstände der beiden Familien in ihren Booten hinausgefahren, um Reusen aufzunehmen: Friedrich Feddersen vom Osten und Leo Feddersen vom Westen. Manche in Bollerup, deren Felder sich zum Strand hin erstreckten, betrieben nebenher einträglichen Fischfang, so auch Friedrich, so auch Leo Feddersen. Gleichzeitig, will ich mal sagen, entfernten sich ihre Boote vom Strand, strebten den Reusen zu, fuhren dabei über eine stumpfe, glanzlose Ostsee, unter dunklem, niedrigem, jedenfalls reglosem Abendhimmel – dem Himmel, unter welchem die Blankaale zu wandern beginnen. Es war schwül, etwas drückte auf die Schläfen, da konnte man nicht sorglos sein. Die Männer, die einander längst bemerkt hatten, verhielten sich, als seien sie allein auf der Ostsee, fuhren mit kurzen Ruderschlägen zu den Pfahlreihen, in denen die Reusen hingen. Sie banden ihre Boote fest, nahmen die Reusen auf und lösten die Schnüre, und während sie ihre Aale sorgsam ins Boot ließen, machte der Abend wahr, was er Eingeweihten schon angedeutet hatte: er entlud sich.

Schnell formierte er ein Gewitter über der Ostsee, am Himmel wurde etwas umgestellt, heftige Windstöße krausten und riffelten das Wasser, Wellen sprangen auf, und ehe die beiden Männer es gewahr wurden, hatte ein heftiger Regen sie überfallen, und Dunkelheit hatte den Strand entrückt. Strömung und Wellen verbanden sich, verlangten den rudernden Männern alles ab an Kraft und Geschicklichkeit, und sie ruderten, ruderten noch länger, wurden abgetrieben, ruderten immer noch – wir brauchen da nicht kleinlich zu sein. Wir haben es in der Hand, die tief verfeindeten Herren ausdauernd arbeiten zu lassen, können ihnen den Widerstand des Windes entgegensetzen, können die Elemente nach Herzenslust toben lassen, uns sind da keine Grenzen gesetzt.

Nur in einem bestimmten Augenblick müssen wir uns an die Geschichte gebunden fühlen, und das heißt: die Boote der tief Verfeindeten müssen von Strömung, Wind und planvollen Wellen zueinander geführt werden, sie haben aus dem Aufruhr aufzutauchen und sich in kürzestem Abstand zueinander zu befinden. Denn so verhielt es sich doch: ohne daß es in der Absicht der Männer gelegen hätte, wurden ihre Boote zusammengeführt, gerieten zur gleichen Zeit auf den Kamm einer Welle, wurden, meinetwegen krachend, gegeneinandergeworfen, überstanden den Anprall nicht, sondern schlugen um.

Beide Männer waren Nichtschwimmer, beide taten, was Nichtschwimmer in solchen Augenblicken tun: sie klammerten sich aneinander, umarmten sich inständig, wollten den anderen um keinen Preis freigeben. Sie tauchten gemeinsam unter, schluckten gemeinsam Wasser, stießen sich gemeinsam vom Grund ab und wurden in ihrer verzweifelten Umklammerung von einer langen Welle erfaßt und einige Meter strandwärts geworfen. Wer will, könnte noch erzählen, wie sie prusteten und tobten, sich wälzten und nicht voneinander lassen mochten, während Welle auf Welle sie erfaßte und dem Strand näherbrachte. Wir wollen uns damit begnügen, festzustellen, daß sie auf einmal Grund gewannen, sich in ihrer Gemeinsamkeit dem Sog widersetzten, zum Strand hinwateten und den Strand auch erreichten, glücklich und immer noch aneinandergeklammert. Die Erschöpfung veranlaßt sie, sich niederzusetzen, Arm in Arm, und nach der Überlieferung soll Friedrich nach zweihundertjährigem Schweigen folgendermaßen das Wort genommen haben: „Schade um die Aale." Darauf soll Leo gesagt haben: „Ja, schade um die Aale." Dann langte jeder von ihnen in die Joppentasche, holte ein breites, flaches Fläschchen mit Rum

hervor, und es fielen wiederum einige Worte, nämlich „Prost, Friedrich", und „Prost, Leo". So, und jetzt müssen wir etwas Zeit verstreichen, die Fläschchen leer werden lassen, wobei allerdings erwähnenswert ist, daß die Männer die Flaschen tauschten. Sie wärmten sich durch, schlugen sich auf die Schultern, beobachteten schweigend die Ostsee, die sich Mühe gab, erregt zu erscheinen; dann lachten sie, warfen die leeren Flaschen ins Wasser und gingen untergehakt über die Steilküste, durch den Mischwald nach Bollerup zurück. Daß sie ein Lied anstimmten, ist nicht erwiesen, aber erwiesen ist, daß sie Arm in Arm bis zum Dorfplatz gingen, sich plötzlich voneinander lösten und sich überrascht mit Blicken maßen, wobei ihre Kiefer hart, ihre Münder lippenlos geworden sein sollen. Und auf einmal zischte Leo Feddersen: „Kröte", und Friedrich zischte zurück: „Gefleckter Iltis, du" – wonach beide es für angebracht hielten, sich nach Ost und West zu entfernen.
Seitdem besteht zwischen beiden Familien wieder das schöne, tragische Schweigen, sind sie sich in zweihundertjährigem Haß verbunden; und so sind es die Leute von Bollerup, die selten nach Ursachen fragen, auch gewöhnt.

Aufgabe 41

Gliedern Sie den Text in Erzählsequenzen (vgl. Kapitel 1). Achten Sie dabei auf die Formen der Erzählerrede und die Figurenkonstellation.

Aufgabe 42

Suchen Sie im Text Belege für ein auktoriales Erzählerverhalten.

Aufgabe 43

Obwohl die Hauptfiguren in höchster Not um ihr Leben kämpfen, ist der Leser davon kaum betroffen und leidet auch nicht mit. Woran liegt das?

Personales Erzählerverhalten

Bei dieser Konzeption macht der Erzähler sich **kaum bemerkbar:**
Er mischt sich nicht in das Geschehen ein (keine Kommentare, keine Vorausdeutungen ...), und er kommuniziert auch nicht mit dem Leser (keine Anreden, keine Erläuterungen, kein „Gespräch" mit dem Leser). Daher wird manchmal auch nur von einer personalen Erzählsituation statt von einem personalen Erzähler gesprochen.

Der personale Erzähler übernimmt weitgehend den Standort und Blickwinkel einer Figur der Handlung: Die Perspektive und der Horizont des Erzählers (und damit auch des Lesers) sind auf den Erfahrungsbereich dieser **Perspektivefigur** eingeschränkt. Nur von dieser Figur erfährt der Leser die Gedanken und Gefühle (oft ausführliche Innensicht). Und am

Geschehen nimmt er nur insoweit teil, als die Perspektivefigur daran beteiligt ist. Die Informiertheit des Erzählers geht im Prinzip nicht über den Kenntnisstand der Perspektivefigur hinaus. Über andere Figuren weiß er nur, was die Perspektivefigur auch weiß oder wissen kann. Im Vergleich zu einem auktorial erzählten Text kommt es beim Leser zu der Illusion, das Geschehen unmittelbar mitzuerleben.

Text 19

Gabriele Wohmann: Grün ist schöner (1960)

In: G. W.: Sieg über die Dämmerung. München 1960.

Ich bin ein grüner Mensch. Grün mit grünblauen Placken. Grüne Haut. Die Lippen von einem so schwärzlichen Grün, daß die Leute sich fürchten. Das wird überhaupt schlimm, wenn ich mal mehr unter Leute komme. In der Schule und dann als Erwachsener. Ich muß so viel wie möglich verdecken. Doktor Stempel hat auch immer Handschuhe an. Er hat Ekzem. Bei mir werden auch alle Leute neugierig drauf sein, was ich unter den Handschuhen habe. Sie werden denken, ich hätte Ekzem. Ich muß auch einen Namen dafür finden.

Das Kind drehte sich vor dem langen Badezimmerspiegel, betrachtete seinen nackten Körper, hob die stengeldünnen Ärmchen – alles grün, unten, oben; innen auch? Es trat näher an den Spiegel, streckte die Zunge heraus: finstere bläuliche Grünporen, ein fetter Grünlappen hing über die dunklen Lippen. Also auch innen grün. Es wischte den Tau seines Atems vom Glas, es lächelte sich zu: die blassen Zähne gefielen ihm.

Häßlich bin ich nicht. Nur unheimlich. Grüne Haut ist eigentlich schöner als braune oder rosige.

– Bist du schon im Wasser? rief die Stimme der Mutter die Treppe herauf und durch den Gangschlauch zu ihm ins Badezimmer. Bist du schon ein Frosch im Wasser?

Grüner Frosch im Wasser.

– Ja! schrie es.

Es patschte sich schnell in die knisternden Schaumwolken, glitschte an der Wannenschräge hinunter und schwitzte und schnaubte.

Aber das grüne Gesicht wird jeder sehn. Grün mit grünblauen Sprenkeln und einer fast schwarzen Zunge hinter den schwarzen Lippen. Ich trag das grüne Haar tief in der Stirn, später krieg ich auch einen Bart, der wird auch grün. Und ich habe einen grünen Hals, ich winde immer einen Schal drumherum, der verdeckt auch den Nacken. Die Leute können denken, ich wär bloß im Gesicht grün. Alles andere ist normal. Ich sag: an den Händen hab ich Ekzem, deshalb die Handschuhe. Sonst zeigt man ja nichts. Ich werde immer lange Hosen tragen.

– Ists schön im Wasser, du Frosch? rief die Mutter.

– Ja! schrie es.

Alle werden denken: wie ein Frosch sieht er aus. Aber ich kann natürlich nicht mit Mädchen und so, wie Dicki das macht, baden gehn. Ich bin ganz zurückhaltend, alle wollen mit mir baden gehen, alle Mädchen, immer werd ich gequält von allen Mädchen, baden zu gehn, aber ich bin ganz vornehm und ganz grün. Ich geh in der heißesten Sonne mit meinem Schal spazieren und mit den Handschuhen.

– Fröschlein, rief die Mutter, gleich komm ich und seh nach, ob du sauber bist.

Das Grüne wird mich natürlich von den andern absondern. Ich werd wie Onkel Walter: ein einsamer alter Mann. Nur schon, bevor ich alt bin.

Von der Badewanne aus konnte es in den Spiegel sehn. Es hob einen Arm aus dem Wasser: Schaumbläschen flüsterten; das

nasse Grün glänzte, es sah schärfer und krasser aus als das trockne.
Schade, daß niemand je meine strahlende nasse Grünhaut sehn wird. Ich werde ein einsamer grüner Mann. Wie eine Schlange. Der Schlangenmann.
– Fröschlein, rief die Mutter, gleich hol ich dich raus!
– Ja, rief es.
Jetzt hab ich noch die Mutter, die weiß es. Später weiß es keiner mehr.
Er hörte die flinken Schritte auf der Treppe, im Gang. Die Tür klaffte; es hielt die Hände vor die Augen, denn dazu hatte es gar keine Lust! Ein Strom frischer Luft zog herein, und die Mutter knipste die Höhensonne aus und schaltete das gelbe weiche Deckenlicht an und sagte:
– So, nun komm, mein blasser sauberer Froschmann.

Aufgabe 44
Markieren Sie die Textteile, in denen die Gedanken des Kindes im inneren Monolog wiedergegeben werden (vgl. dazu Abschnitt 1.3).

Aufgabe 45
Zeigen Sie an diesem Text Merkmale des personalen Erzählerverhaltens und seine Wirkung auf den Leser. Achten Sie auf die Perspektive.

Neutrales Erzählerverhalten

Wenn der personale Erzähler nicht den Standort und die Perspektive einer Figur einnimmt, sondern stattdessen die Position einer Filmkamera wählt, wird das Geschehen nur von außen beschrieben. Gefühle und Gedanken kommen nicht zur Sprache. Gespräche werden unkommentiert in direkter Rede wiedergegeben. – Bei dieser Sonderform des personalen Erzählens erhält der Leser den Eindruck, ähnlich wie bei einer Theateraufführung, unmittelbar Zeuge des Geschehens zu sein. Dies ist z. B. in den ersten 26 Zeilen des Romans „Buddenbroocks“ (Text 6) der Fall; danach verändert sich allerdings das Erzählerverhalten (Innensicht, Bewertungen).

Aufgabe 46
Erläutern und vergleichen Sie das Erzählerverhalten in den Texten „Kaiser Napoleon und die Obstfrau in Brienne“ (Text 10), „Wachsfiguren“ (Text 14) und „Franzosen-Billigkeit“ (Text 3).

Aufgabe 47
Erläutern und vergleichen Sie das Erzählerverhalten in den Texten „Luise“ (Text 12) und „Lau“ (Text 15).

3.4 Erzählerverhalten in der Ich-Erzählung

Die Figur, die sich mit „ich" bezeichnet, tritt in einer Ich-Erzählung immer in zwei Rollen auf: Einerseits ist sie der Erzähler der Geschichte (das **erzählende Ich**), andererseits ist sie eine handelnde Figur (das **erlebende Ich**). Je nach dem zeitlichen Abstand, den das erzählende Ich von dem erlebenden Ich hat, kann man von einem eher auktorialen oder eher personalen Erzählerverhalten sprechen.

Text 20

Der Kontakt – zweite Fassung

Eben als ich den ersten Baum untersucht hatte (natürlich wußte ich damals noch gar nicht, daß es sich um einen Baum, also ein Lebewesen handelte, ich hielt ihn vielmehr für eine sehr zerbrechliche Maschine), bewegte sich etwas rasch auf mich zu. Es ähnelte einem Zylinder auf vier beweglichen Elementen, an dessen Ende ein weiteres Element in ständiger hastiger Bewegung war. Da ich keine Vorstellungen von den Lebensformen auf diesem Planeten hatte, hielt ich es zunächst für einen Apparat. Vielleicht war es ein Apparat, der zur Erkundung ausgeschickt war. Am vorderen Ende klappte eine Öffnung auf und zu. Ich ahnte nicht, daß ich in Gefahr war, kräftig gebissen zu werden. Offenbar war es mein Glück, daß ich vor Staunen reglos verharrte. (…)

Aufgabe 48

Vladimir Colins Sciencefictiongeschichte „Der Kontakt" (Text 17) könnte auch so erzählt werden. Vergleichen Sie das Erzählerverhalten in dieser veränderten Fassung mit dem Original.

Auktoriales Erzählerverhalten

Steht das erzählende Ich in einem deutlichen zeitlichen und geistigen Abstand zu dem erlebenden Ich (wenn z. B. ein alter Mann über seine Schulzeit schreibt), dann erzählt es, was es „einst" erlebt, gedacht und gefühlt hat. Es überblickt somit zumindest große Teile des Geschehens und kann sich in der Art des auktorialen Erzählers kommentierend und erläuternd in die Darstellung dieses Geschehens einmischen. Allerdings bleibt der Blickwinkel des Ich-Erzählers im Unterschied zum auktorialen Er-Erzähler immer begrenzt, da ihm die Innensicht anderer Figuren versperrt ist.

Personales Erzählerverhalten

Unterscheidet sich das erzählende Ich in Einstellung und Blickwinkel nicht von dem erlebenden Ich (wenn z. B. jemand ein Tagebuch führt), dann hat dieses Ich natürlich auch keinen Überblick über das Gesamtgeschehen. Der Ich-Erzähler hat weder Distanz zu den Handlungsabläufen noch einen überlegenen Standort. Auch der Leser ist daher ebenso wie der Erzähler auf den Horizont des erlebenden Ich als Perspektivefigur beschränkt.
In den Texten 21 und 22 schildern zwei Ich-Erzähler kleine Episoden aus ihrem Leben. Einmal handelt es sich um die Schilderung eines Gefängnisaufenthalts in den USA, und in dem anderen Fall wird die Wohnungsnot in der DDR thematisiert.

Text 21

Charles Bukowski: Szenen aus der großen Zeit I (1972)

In: Ch. B.: Kaputt in Hollywood. (c) Maro Verlag Benno Käsmayr, Augsburg 1979, 1990.

Die Neuen mußten immer die Taubenscheiße wegmachen, und während man sich mit der Taubenscheiße abmühte, kamen auch schon wieder die Tauben an und schissen einem in die Haare, ins Gesicht und auf die Kleider. Man bekam keine Seifenlauge, nur Wasser und eine Bürste, und die Scheiße ging schlecht wieder ab. Später kam man in die Werkstatt und arbeitete für 3 Cents die Stunde, aber als Neuer mußte man zunächst mal an die Taubenscheiße ran.
Ich war mit Blaine zusammen, als er die Idee hatte. Er sah eine Taube in der Ecke, der Vogel konnte nicht mehr fliegen. „Hör zu", sagte Blaine, „ich weiß, daß diese Vögel miteinander reden können. Laß uns mal diesem Vogel was mitgeben, was er den anderen sagen kann. Wir nehmen uns den Kerl vor und schmeißen ihn da aufs Dach rauf, dann kann er den anderen erklären, was läuft."
„OK", sagte ich.
Blaine ging hin und hob den Vogel auf. Er hatte eine kleine braune Rasierklinge bei sich. Er sah sich um. Wir waren in einer schattigen Ecke des Gefängnishofes. Es war ein heißer Tag, und ziemlich viele Häftlinge hielten sich da in der Ecke auf.
„Möchte mir einer von den Gentlemen bei dieser Operation assistieren?" fragte Blaine. Es meldete sich keiner.
Blaine fing an, dem Vogel ein Bein abzuschneiden. Starke Männer wandten sich ab. Ich sah, wie der eine oder andere die Hand an die Schläfe hob, um sich die Sicht zu verdecken.
„Was zum Teufel ist los mit euch Typen?" schrie ich sie an. „Wir haben es satt, ständig Taubenscheiße ins Haar und in die Augen zu kriegen! Wir verpassen diesem Vogel einen Denkzettel und schmeißen ihn aufs Dach rauf, damit er den anderen klarmachen kann: ‚Das sind gemeine Motherfucker da unten! Kommt ihnen nicht zu nahe!' Das Vieh wird diesen anderen Tauben klarmachen, daß sie aufhören sollen, uns vollzukacken!"
Blaine warf den Vogel aufs Dach. Ich weiß nicht mehr, ob die Sache funktioniert hat. Aber eins weiß ich noch: während ich am Schrubben war, kamen mir diese beiden Taubenfüße vor die Bürste. Sie sahen sehr merkwürdig aus, ohne den Vogel dran. Ich fegte sie in die Scheiße.

Text 22

Christine Lambrecht: Wohnungsbauer (1982)

In: Ch. L.: Dezemberbriefe. Geschichten. München 1986.

Regen schlägt gegen Glas und Gemäuer. Er fließt in kleinen Bächen abwärts. Der Himmel ist ein graues Tuch.
Ich stehe am Fenster und denke: Keinen Hund …
Selbst Astwerk beugt sich der Nässe. Das Fundament vorm Haus ist ein Wasserspiegel, der die Tropfen fängt. Die Bauleute sind verschwunden. Ich vermisse schon zwei Tage ihren Lärm, nun, am dritten, sehe ich nach ihnen.
Der Wagen vom Bau steht zwischen hügligem Sand oder Kies, das ist von hier nicht auszumachen. Rauch quält sich aus schwarzem Rohr ins Freie. Und hinter der Scheibe seh' ich zwei Köpfe.
Gut haben die's, hab ich gedacht, wenn an Sonnentagen leichter Wind blies und die Männer den freien Rumpf beugten und streckten und ihre Arme Säcke umspannten, als wär's die Geliebte, die mit festem Schritt und Eile davonzutragen ist.
Gut haben die's, denk ich, sie sitzen am Feuer und können trocknende Nässe riechen und Tee trinken und auf eine Zigarettenschachtellänge reden.
Mir kocht die Milch fürs Enkelkind über. Das schreit durch zwei Türen. Die Tochter zetert. Der Schwiegersohn schlägt sich zu ihnen. Dann ist Stille. Sie verharren im halben Zimmer.
Ich rühre den Brei, schon fast das zweite Jahr.

Aufgabe 49

Vergleichen Sie das Erzählerverhalten in den beiden Texten.

Aufgabe 50

Welche Rolle spielt in den beiden Texten die Darstellung räumlicher Gegebenheiten (vgl. Abschnitt 2.3)?

3.5 Analyse des Erzählerverhaltens

Der Standort und die Wertvorstellungen (Standpunkt) des Erzählers bestimmen, in welcher Weise der Leser den Stoff (Figuren, Handlung, Ort und Zeit) sieht. Deshalb gehört zur Analyse erzählender Texte stets die Untersuchung des Erzählerverhaltens. Hierbei sind drei Fragestellungen wichtig, die an einem Text von Heinrich Böll erprobt werden sollen:

Text 23

Heinrich Böll: Monolog eines Kellners (1955)

Aus: H. B.: Erzählungen. (c) 1994 by Verlag Kiepenheuer & Witsch, Köln.

Ich weiß nicht, wie es hat geschehen können; schließlich bin ich kein Kind mehr, bin fast fünfzig Jahre und hätte wissen müssen, was ich tat – und hab's doch getan, noch dazu, als ich schon Feierabend hatte und mir eigentlich nichts mehr hätte passieren können. Aber es ist passiert, und so hat mir der Heilige Abend die Kündigung beschert. Alles war reibungslos verlaufen: Ich hatte beim Dinner serviert, kein Glas umgeworfen, keine Soßenschüssel umgestoßen, keinen Rotwein verschüttet, mein Trinkgeld kassiert und mich auf mein Zimmer zurückgezogen, Rock und Krawatte aufs Bett geworfen, die Hosenträger von den Schultern gestreift, meine Flasche Bier geöffnet, hob gerade den Deckel von der Terrine und roch: Erbsensuppe. Die hatte ich mir beim Koch bestellt, mit Speck, ohne Zwiebeln, aber sämig, sämig. Sie wissen sicher nicht, was sämig ist; es würde lange dauern, wenn ich es Ihnen erklären wollte: Meine Mutter brauchte drei Stunden, um zu erklären, was sie unter sämig verstand. Na, die Suppe roch herrlich, und ich tauchte die Schöpfkelle ein, füllte meinen Teller, spürte und sah, daß die Suppe richtig sämig war – da ging meine Zimmertür auf, und herein kam der Bengel, der mir beim Dinner aufgefallen war: klein, blaß, bestimmt nicht älter als acht, hatte sich den Teller hoch füllen und alles, ohne es anzurühren, wieder abservieren lassen: Truthahn und Kastanien, Trüffeln und Kalbfleisch, nicht mal vom Nachtisch, den doch kein Kind vorübergehen läßt, hatte er auch nur einen Löffel gekostet, ließ sich fünf halbe Birnen und nen halben Eimer Schokoladensoße auf den Teller kippen und rührte nichts, aber auch nichts an, und sah doch dabei nicht mäklig aus, sondern wie jemand, der nach einem bestimmten Plan handelt. Leise schloß er die Tür hinter sich und blickte auf meinen Teller, dann mich an:„Was ist denn das?" fragte er. „Das ist Erbsensuppe", sagte ich. „Die gibt es doch nicht", sagte er freundlich, „die gibt es doch nur in dem Märchen von dem König, der sich im Wald verirrt hat." Ich hab's gern, wenn Kinder mich duzen: die Sie zu einem sagen, sind meistens affiger als die Erwachsenen. „Nun", sagte ich, „eins ist sicher: Das ist Erbsensuppe." – „Darf ich mal kosten?" – „Sicher, bitte", sagte ich, „setz dich hin." Nun, er aß drei Teller Erbsensuppe, ich saß neben ihm auf meinem Bett, trank Bier und rauchte und konnte richtig sehen, wie sein kleiner Bauch rund wurde, und während ich auf dem Bett saß, dachte ich über vieles nach, was mir inzwischen wieder entfallen ist; zehn Minuten, fünfzehn, eine lange Zeit, da kann einem schon viel einfallen, auch über Märchen, über Erwachsene, über Eltern und so. Schließlich konnte der Bengel nicht mehr, ich löste ihn ab, aß den Rest der Suppe, noch eineinhalb Teller, während er auf dem Bett neben mir saß. Vielleicht hätte ich nicht in die leere Terrine blicken sollen, denn er sagte, „Mein Gott, jetzt habe ich dir alles aufgegessen." – „Macht nichts", sagte ich, „ich bin noch satt geworden. Bist du zu mir gekommen, um Erbsensuppe zu essen?" – „Nein, ich suche nur jemand, der mir helfen kann, eine Kuhle zu finden; ich dachte, du wüßtest eine." Kuhle, Kuhle, dann fiel's mir ein, zum Murmelspielen brauchte man eine, und ich sagte: „Ja, weißt du, das wird schwer sein, hier im Haus irgendwo eine Kuhle zu finden." – „Können wir nicht eine machen", sagte er, „einfach eine in den Boden des Zimmers hauen?" Ich weiß nicht, wie es hat geschehen können, aber ich hab's getan, und als der Chef mich fragte: ‚Wie konnten Sie das tun?' wußte ich keine Antwort. Vielleicht hätte ich sagen sollen: ‚Haben wir uns nicht verpflichtet, unseren Gästen jeden Wunsch zu erfüllen, ihnen ein harmonisches Weihnachtsfest zu garantieren?' Aber ich hab's nicht gesagt, ich hab geschwiegen. Schließlich konnte ich nicht ahnen, daß seine Mutter über das Loch im Parkettboden stolpern und sich den Fuß brechen würde, nachts, als sie betrunken aus der Bar zurückkam. Wie konnte ich das wissen? Und daß die Versicherung eine Erklärung verlangen würde, und so weiter, und so weiter. Haftpflicht, Arbeitsgericht, und immer wieder: unglaublich. Sollte ich ihnen erklären, daß ich die drei Stunden, drei geschlagene Stunden lang mit dem Jungen Kuhle gespielt habe, daß er immer gewann, daß er sogar von meinem Bier getrunken hat, – bis er schließlich todmüde ins Bett fiel? Ich hab nichts gesagt, aber als sie mich fragten, ob ich es gewesen bin, der das Loch in den Parkettboden geschlagen hat, da konnte ich nicht leugnen; nur von der Erbsensuppe haben sie nichts erfahren, das bleibt unser Geheimnis. Fünfunddreißig Jahre im Beruf, immer tadellos geführt. Ich weiß nicht, wie es hat geschehen können; ich hätte wissen müssen, was ich tat, und hab's doch getan: Ich bin mit dem Aufzug zum Hausmeister hinuntergefahren, hab' Hammer und Meißel geholt, bin mit dem Aufzug wieder raufgefahren, hab ein Loch in den Parkettboden gestemmt. Schließlich konnte ich nicht ahnen, daß seine Mutter darüber stolpern würde, als sie nachts um vier betrunken aus der Bar zurückkam. Offen gestanden, ganz so schlimm finde ich es nicht, auch nicht, daß sie mich rausgeschmissen haben. Gute Kellner werden überall gesucht.

Aufgabe 51

Analysieren Sie das Erzählerverhalten in diesem Text unter Beachtung der folgenden Fragen.

Leitfragen zur Analyse des Erzählerverhaltens

1. Ich- oder Er-Erzählung?

Zunächst muss unterschieden werden, ob das Geschehen von einem Ich- oder Er-Erzähler vermittelt wird. – Handelt es sich um eine Ich-Erzählung, muss der Erzähler auch in seiner Eigenschaft als Figur der Handlung (als erlebendes Ich) charakterisiert werden (wie in Abschnitt 2.2 ausgeführt).

2. Standort des Erzählers?

Sowohl bei der Er-Erzählung wie bei der Ich-Erzählung muss der Standort des Erzählers (des erzählenden Ich bei Texten in der Ich-Form) bestimmt werden. – Verhält er sich auktorial oder personal? – Aus welchem Blickwinkel sieht er das Geschehen? – Gibt es eine Perspektivefigur? – Kommt es zu Abweichungen von dieser Perspektive oder verschiebt sie sich? – Wie wirkt sich das auf die Wahrnehmung des Lesers aus?

3. Wertvorstellungen des Erzählers?

Vor allem bei einem auktorialen Erzähler müssen seine Wertvorstellungen geklärt werden. – Wo werden seine Einstellungen und Ansichten deutlich? – Welche Weltanschauung hat er? – Welche Rolle spielt das für das Verständnis des Lesers?

Das Verhalten des Erzählers kann sich auch innerhalb eines relativ kurzen Textes verändern. Dies zeigt sich in Ilse Aichingers bekannter Kurzgeschichte „Das Fenster-Theater". Bei der Untersuchung dieses Textes wird deutlich, wie sehr sich die Analyse von Stoff und Erzählerverhalten ergänzen.

Text 24

Ilse Aichinger: Das Fenster-Theater (1953)

In: I. A.: Meine Sprache und ich. Erzählungen. (c) S. Fischer Verlag Frankfurt am Main, 1978.

Die Frau lehnte am Fenster und sah hinüber. Der Wind trieb in leichten Stößen vom Fluß herauf und brachte nichts Neues. Die Frau hatte den starren Blick neugieriger Leute, die unersättlich sind. Es hatte ihr noch niemand den Gefallen getan, vor ihrem Haus niedergefahren zu werden. Außerdem wohnte sie im vorletzten Stock, die Straße lag zu tief unten. Der Lärm rauschte nur mehr leicht herauf. Alles lag zu tief unten. Als sie sich eben vom Fenster abwenden wollte, bemerkte sie, daß der Alte gegenüber Licht angedreht hatte. Da es noch ganz hell war, blieb dieses Licht für sich und machte den merkwürdigen Eindruck, den aufflammende Straßenlaternen unter der Sonne machen. Als hätte einer an seinen Fenstern die Kerzen angesteckt, noch ehe die Prozession die Kirche verlassen hat. Die Frau blieb am Fenster.

Der Alte öffnete und nickte herüber. Meint er mich? dachte die Frau. Die Wohnung über ihr stand leer, und unterhalb lag eine Werkstatt, die um diese Zeit geschlossen war. Sie bewegte leicht den Kopf. Der Alte nickte wieder. Er griff sich an die Stirne, entdeckte, daß er keinen Hut aufhatte, und verschwand im Innern des Zimmers.

Gleich darauf kam er in Hut und Mantel wieder. Er zog den Hut und lächelte. Dann nahm er ein weißes Tuch aus der Tasche und begann zu winken. Erst leicht und dann immer eifriger. Er hing über die Brüstung, daß man Angst bekam, er würde vornüberfallen. Die Frau trat einen Schritt zurück, aber das schien ihn nur zu bestärken. Er ließ das Tuch fallen, löste seinen Schal vom Hals – einen großen bunten Schal – und ließ ihn aus dem Fenster wehen. Dazu lächelte er. Und als sie noch einen weiteren Schritt zurücktrat, warf er den Hut mit einer heftigen Bewegung ab und wand den Schal wie einen Turban um seinen Kopf. Dann kreuzte er die Arme über der Brust und verneigte sich. Sooft er aufsah, kniff er das linke Auge zu, als herrsche zwischen ihnen ein geheimes Einverständnis. Das bereitete ihr so lange Vergnügen, bis sie plötzlich nur mehr seine Beine in dünnen, geflickten Samthosen in die Luft ragen sah. Er stand auf dem Kopf. Als sein Gesicht gerötet, erhitzt und freundlich wieder auftauchte, hatte sie schon die Polizei verständigt.

Und während er, in ein Leintuch gehüllt, abwechselnd an beiden Fenstern erschien, unterschied sie schon drei Gassen weiter über dem Geklingel der Straßenbahnen und dem gedämpften Lärm der Stadt das Hupen des Überfallautos. Denn ihre Erklärung hatte nicht sehr klar und ihre Stimme erregt geklungen. Der alte Mann lachte jetzt, so daß sich sein Gesicht in tiefe Falten legte, streifte dann mit einer vagen Gebärde darüber, wurde ernst, schien das Lachen eine Sekunde lang in der hohlen Hand zu halten und warf es dann hinüber. Erst als der Wagen schon um die Ecke bog, gelang es der Frau, sich von seinem Anblick loszureißen.

Sie kam atemlos unten an. Eine Menschenmenge hatte sich um den Polizeiwagen gesammelt. Die Polizisten waren abgesprungen, und die Menge kam hinter ihnen und der Frau her. Sobald man die Leute zu verscheuchen suchte, erklärten sie einstimmig, in diesem Hause zu wohnen. Einige davon kamen bis zum letzten Stock mit. Von den Stufen beobachteten sie, wie die Männer, nachdem ihr Klopfen vergeblich blieb und die Glocke allem Anschein nach nicht funktionierte, die Tür aufbrachen. Sie arbeiteten schnell und mit einer Sicherheit, von der jeder Einbrecher lernen konnte. Auch in dem Vorraum, dessen Fenster auf den Hof sahen, zögerten sie nicht eine Sekunde. Zwei von ihnen zogen die Stiefel aus und schlichen um die Ecke. Es war inzwischen finster geworden. Sie stießen an einen Kleiderständer, gewahrten den Lichtschein am Ende des schmalen Ganges und gingen ihm nach. Die Frau schlich hinter ihnen her.

Als die Tür aufflog, stand der alte Mann, mit dem Rücken zu ihnen gewandt, noch immer am Fenster. Er hielt ein großes weißes Kissen auf dem Kopf, das er immer wieder abnahm, als bedeutete er jemandem, daß er schlafen wolle. Den Teppich, den er vom Boden genommen hatte, trug er um die Schultern. Da er schwerhörig war, wandte er sich auch nicht um, als die Männer schon knapp hinter ihm standen und die Frau über ihn hinweg in ihr eigenes finsteres Fenster sah.
Die Werkstatt unterhalb war, wie sie angenommen hatte, geschlossen. Aber in die Wohnung oberhalb mußte eine neue Partei eingezogen sein. An eines der erleuchteten Fenster war ein Gitterbett geschoben, in dem aufrecht ein kleiner Knabe stand. Auch er trug sein Kissen auf dem Kopf und die Bettdecke um die Schultern. Er sprang und winkte herüber und krähte vor Jubel. Er lachte, strich mit der Hand über das Gesicht, wurde ernst und schien das Lachen eine Sekunde lang in der hohlen Hand zu halten. Dann warf er es mit aller Kraft den Wachleuten ins Gesicht.

Aufgabe 52
Bestimmen Sie die Zeitstruktur und Erzählweise. Gliedern Sie den Text in die Erzählsequenzen (vgl. Kapitel 1).

Aufgabe 53
Welche Rolle spielen die räumlichen Gegebenheiten in dieser Kurzgeschichte (vgl. Abschnitt 2.3)?

Aufgabe 54
Wie kommt es, dass der Leser am Schluss überrascht ist? Erläutern Sie die Perspektive, aus der ab Z. 20 erzählt wird.

Aufgabe 55
Zeigen Sie, an welchen Stellen von der vorherrschenden Perspektive abgewichen wird, und erläutern Sie die Funktion dieser Abweichungen.

Aufgabe 56
In welcher Weise wird die Hauptfigur (direkt und indirekt) charakterisiert? Welche Einstellungen des Erzählers werden deutlich?

3.6 Lösungsvorschläge zu den Arbeitsaufgaben

35 Zunächst wird ein Forst am Rand eines Kornfeldes dargestellt, die Baumstämme mit ihren Ästen und Blättern werden ausführlich beschrieben. Bei dem „absurden Zylinder" im zweiten Abschnitt handelt es sich um einen weißen Hund. – Offenbar erzählt hier ein außerirdischer Raumfahrer, dem das irdische Leben völlig unbekannt ist und der nicht einmal organische und anorganische Strukturen, wie etwa Baumstämme und Säulen, unterscheiden kann. Der Leser sieht vertraute Erscheinungen aus einer ungewohnten Perspektive.

36 Obwohl der Ausschnitt sehr kurz ist, wird deutlich, dass sich der Erzähler nicht von wirtschaftlichen oder militärischen Überlegungen leiten lässt. Sein Interesse an (unserer) Welt ist von der Neugier des Forschers, aber auch von ästhetischem Empfinden geprägt. Das zeigt sich in seinen Gefühlsäußerungen (u.a. Verwirrung, Mitleid) und in den häufigen Hinweisen auf Zartheit und Zerbrechlichkeit. Diese Einstellung des Ich-Erzählers überträgt sich auf den Leser, der sich anstelle eines Waldes zunächst auch äußerst filigrane Gebilde vorstellt.

37 Der Autor ist Johann Wolfgang von Goethe (1749–1832). Er hat eine erotische Anekdote aus den Memoiren des Marschalls von Bassompierre (1579–1646) als Vorlage für diese kleine Novelle genommen. Als Erzähler des Geschehens meint man auf den ersten Blick den Marschall selbst zu erkennen. Da die Novelle in eine Rahmenerzählung eingebettet ist, den „Unterhaltungen deutscher Ausgewanderten", liegen die Verhältnisse aber etwas komplizierter: Im Rahmen dieser „Unterhaltungen" wird die Geschichte nämlich von einer Figur namens Karl erzählt, die damit ihren Zuhörern gegenüber eine bestimmte Absicht verfolgt. Der Erzähler Karl stellt sich hier allerdings ganz auf den Standpunkt des Marschalls von Bassompierre und redet „in seinem Namen" (Z. 9). Es gibt also auf der Ebene der Geschichte einen Ich-Erzähler, der diese Erinnerungen aus seinem Leben erzählt. Auf der Ebene der Rahmenhandlung wird diese Geschichte dann von Karl seinen Mitreisenden erzählt, wobei er sie auch einleitend und abschließend kommentiert. Und letztlich ist der ganze Text von einem Schriftsteller, nämlich Goethe, erdacht und verfasst worden.
Die Wertvorstellungen des Ich-Erzählers, des Marschalls also, werden einerseits bestimmt durch das Standesbewusstsein des hohen Adligen, der es erstaunlich findet, dass ihn ein Liebesabenteuer „mit einer Person vom geringen Stande" (Z. 159) so stark beeindrucken kann. Andererseits zeigt er sich als erfahrener Frauenheld, der den eigenen Postillon für Briefe „an einige Damen" mit sich führend (Z. 29), gewohnt ist, von Frauen „Vergnügen" zu genießen (Z. 66), und herablassend von dem „schönen Weibchen" spricht (Z. 122 und 163 f.). Der Leser kann den Standpunkt des Ich-Erzählers wohl kaum teilen. Er interessiert sich demzufolge weniger für die Figur des Marschalls als für das Schicksal der Frau. – Karl, der diese Geschichte den anderen Flüchtlingen erzählt, vertritt übrigens einen ganz anderen Standpunkt, er ist nämlich ein leidenschaftlicher Anhänger der Französischen Revolution. Und Goethes Ansichten unterscheiden sich wiederum ganz wesentlich von denen der beiden Erzähler.

38 Der Wunsch, jeden Verräter auf diese Art bestraft zu sehen, wird von dem Erzähler dieser Geschichte geäußert. Ob dies auch die Einstellung des Autors, der historischen Person J. P. Hebel, gewesen ist oder ob er eine von ihm erfundene Erzählerfigur, den „rheinländischen Hausfreund", Ansichten verbreiten lässt, die er selbst gar nicht teilt, kann diesem Text allein nicht entnommen werden. Es wäre voreilig, nach der Lektüre dieses Textes zu folgern, Hebel sei ein Befürworter der Prügelstrafe gewesen. Um die Meinung eines Autors zu erkennen, muss immer auch biographisches Material herangezogen werden.

3 Der Erzähler

39 Zwar nennt sich der Erzähler in Z. 82 beiläufig selbst, da er aber in der von ihm erzählten Geschichte selbst keine Rolle spielt, handelt es sich um eine Er-Erzählung.

40 Der Standort des Erzählers wäre ganz anders, da das Geschehen nur aus der Sicht des Jungen gesehen würde. Die einleitende Beschreibung der Situation wäre dann unmöglich, weil der Ich-Erzähler das nicht wissen könnte; er schläft ja zu dieser Zeit. Auch die Gedanken und Gefühle des Schutzengels blieben dem Leser unbekannt, da der Ich-Erzähler davon nichts weiß. Große Teile des Textes müssten also wegfallen. Hingegen könnte der Leser alles über die inneren Vorgänge des Jungen erfahren.

41 Von Z. 58–165 wird in geraffter Form von dem Geschehen berichtet, das die beiden Männer an diesem besonderen Abend erleben. Vor und nach dieser mittleren Erzähleinheit gibt der Erzähler eine Beschreibung der lang andauernden feindseligen Beziehungen der Familien. Diese Darstellung der Familientraditionen liefert so den Rahmen für die Binnenhandlung, die nur vor diesem Hintergrund als etwas Außergewöhnliches erscheint.

42 Der Erzähler spricht den Leser häufig an. Neben der ersten Person Singular gebraucht er dabei die erste Person Plural, um eine Beziehung zum Leser herzustellen (z. B. Z. 35 oder 95). Wiederholt macht er deutlich, dass es in seinem Ermessen liegt, was und wie erzählt wird.
Seine Funktion als Urheber und Vermittler der Geschichte wird z. B. deutlich in den Zeilen 95–101: „(…) – wir brauchen da nicht kleinlich zu sein. Wir haben es in der Hand, (…), uns sind da keine Grenzen gesetzt."
Der Erzähler mischt sich u.a. in Z. 46 f. mit der Bemerkung ein: „(…) was ich jedoch für eine Mißdeutung halte."
Direkt an den Leser wendet er sich, wenn er beispielsweise in Z. 35 f. sagt: „Doch der Anlaß (…) braucht uns nicht zu interessieren (…)."
Die Distanz zum Geschehen und der überlegene Standort des Erzählers werden z. B. deutlich, wenn er in Z. 81 f. sagt: „(…) machte der Abend wahr, was er Eingeweihten schon angedeutet hatte: (…)."

43 Die häufigen Einmischungen des Erzählers schaffen eine große Distanz zu den Figuren, sodass der Leser an ihrem Schicksal wenig Anteil nimmt. Hinweise des Erzählers in der Art von „Wer will, könnte noch erzählen, wie sie prusteten und tobten, (…)" (Z. 125 ff.) verhindern unmittelbares Miterleben bzw. Mitleiden. Das Geschehen wird vom Erzähler aus einer ausgesprochen gelassenen und damit gänzlich anderen Perspektive gesehen, als es die beiden handelnden Figuren tun. – Außerdem werden sie kaum mit individuellen Merkmalen ausgestattet und dem Leser auch so nicht nahe gebracht.

44 Der Text besteht aus nur einer zeitdeckenden Szene im Badezimmer. Der Bericht des Erzählers (mit direkter Rede) und die Wiedergabe der Gedanken des Kindes wechseln sich häufig ab. Der innere Monolog findet sich in den Zeilen 1–13, 24 ff., 31, 37–50, 54–63, 66–69, 75–78, 82 f.
In den ersten Abschnitt der Erzählerrede sind Satzfragmente eingelagert, die sich grammatisch nicht eindeutig als Gedanken des Kindes festlegen lassen (Z. 17, Z. 19–21). Ihrem Sinn nach können sie aber eher dem Kind als dem Erzähler zugeordnet werden („Also auch innen grün").

45 Der Erzähler kommuniziert nicht mit dem Leser. Weder kommentiert er die fantastischen Vorstellungen des Kindes noch erläutert er, wie es zu der Grünfärbung kommt. Der Leser muss selbst darauf kommen, dass das Licht der Höhensonne offenbar einen grünlichen Schimmer erzeugt.

Der Erzähler nimmt den Standort und die Perspektive des Kindes ein. Der Leser sieht und hört das, was das Kind hört und sieht: Die Stimme der Mutter schallt die Treppe zu ihm „herauf". Und in den Z. 84 ff. werden die sinnlichen Wahrnehmungen, die die Ankunft der Mutter signalisieren, in der Reihenfolge angeordnet, wie sie das Kind erfährt: Schritte auf der Treppe, Schritte im Gang, Öffnen der Tür, frische Luft. Durch den inneren Monolog erhält der Leser einen unvermittelten, direkten Eindruck von dem, was in der Perspektivefigur vor sich geht. Er kann sich daher in diese hineinversetzen. Dazu trägt auch die unklare Abgrenzung zwischen der Erzählerrede und der Rede der Perspektivefigur bei (vgl. Z. 8 f. und 19 ff.).

46

Hebels Geschichte von Napoleon und der Obstfrau wird von einem auktorialen Erzähler vermittelt. Er kommentiert und gibt Vorausdeutungen, z. B. „Aber ein Wort noch immer so gut, als bares Geld, und besser" (Z. 40 f.) oder „Das lehrten in der Folge seine Kriege, (...)" (Z. 3 f.). – Von seinem Standpunkt aus überblickt der Erzähler jederzeit das gesamte Geschehen einschließlich der Vor- und Nachgeschichte: „Wirklich hat er auch die Tochter derselben bereits ehrenvoll versorgt, und (...)" (Z. 96 f.).
In der Kurzgeschichte „Wachsfiguren" herrscht demgegenüber ein personales Erzählerverhalten. Der Erzähler mischt sich nicht mit Erläuterungen und Beurteilungen ein. Er erzählt das Geschehen aus dem Blickwinkel „Hases", der Perspektivefigur. Nur deren Bewusstseinsvorgänge werden mitgeteilt (Innensicht), nicht die der anderen Figuren (Außensicht); diese werden nur aus „Hases" Perspektive dargestellt.
In der Anekdote „Franzosen-Billigkeit" tritt der Erzähler nicht in Erscheinung; es wird nichts erläutert oder kommentiert. Es gibt aber auch keine Perspektivefigur. Das Geschehen wird in strenger Außensicht vorgeführt („Kameraperspektive"). Der Erzähler verhält sich also neutral.

47

In Lambrechts Text „Luise" ist der Erzähler kaum zu bemerken. Er mischt sich nicht in das Geschehen ein und gibt nicht einmal die für das Verständnis wichtige Information, dass Luise ein Mischling ist und deshalb von den Afrikanerinnen als eine der ihren angesehen wird. Die Geschichte konzentriert sich ganz auf den Erfahrungsbereich der Perspektivefigur Luise, deren Gedanken vorwiegend ohne Einleitung des Erzählers in erlebter Rede wiedergegeben werden: „Luise blickte an sich herunter (Erzählerbericht). Da war doch nichts Besonderes (erlebte Rede)." Das Fehlen der vermittelnden Einleitung (z. B.: sie überlegte, ob ...) verringert die Distanz des Lesers zu der Perspektivefigur.
In Blumenbergs Geschichte „Lau" tritt der Erzähler deutlich in Erscheinung, zu seinem auktorialen Verhalten gehören ein überlegener Standort und Distanz zu dem Geschehen. – Die Vorgänge und Gegenstände werden erläutert und kommentiert („Zur Mittagsmahlzeit, pünktlich wie eh und je", Z. 9 f., oder „Auf das beste Stück im Haus, den Perserteppich", Z. 38 f.). Auch das Verhalten des Kindes wird erklärt: „(...) Nachkömmling, der den Zappelphilipp nicht mehr kennengelernt hat" (Z. 32 f.). – In den letzten vier Sätzen wird das Geschehen abschließend kommentiert, wobei sich der Erzähler von dem Verhalten des Bauern distanziert.

48

In den Texten 17 und 20 wird jeweils das gleiche Geschehen von der gleichen Figur erzählt. Doch in Text 17 erzählt der fremde Raumfahrer unmittelbar, während er gleichzeitig die Handlung erlebt. Erzählendes und erlebendes Ich sind in diesem Fall identisch. Es wird aus der begrenzten Perspektive des Astronauten berichtet, ohne dass die Erzählfigur erläuternd eingreifen kann. Der Erzähler verhält sich demzufolge personal.
In Text 20, der veränderten Fassung von Colins Sciencefictiongeschichte, berichtet der Raumfahrer rückblickend von dem Geschehen. Infolge des zeitlichen Abstands und des erweiterten

geistigen Horizonts („natürlich wußte ich damals noch gar nicht, [...]") kann das erzählende Ich die Situation sowie das Denken und Handeln des erlebenden Ichs so erläutern und kommentieren, wie es auch in Memoiren üblich ist: „Offenbar war es mein Glück, (...)."

49 In Bukowskis „Szenen aus der großen Zeit" ist der Erzähler in der Rolle desjenigen, der seine Lebenserinnerungen schreibt. Er hat einen deutlichen zeitlichen Abstand zu dem Geschehen, daher kann er auf die Zukunft des erlebenden Ichs hinweisen („Später kam man [...]", Z. 8 f.). Und er nimmt zu dem damaligen Geschehen aus seiner heutigen Sicht Stellung: „Ich weiß nicht mehr, ob (...). Aber eins weiß ich noch: (...)" (Z. 46 ff.). Er verhält sich also auktorial.
Bei der Erzählfigur in Lambrechts „Wohnungsbauer" finden das Erleben und das Erzählen gleichzeitig statt, sodass die Erzählerin auch nicht mehr weiß als die Perspektivefigur. Infolge dieses personalen Erzählerverhaltens erhält der Leser keine Vorausdeutungen auf zukünftige Entwicklungen (Bekommt die Tochter endlich eine eigene Wohnung?) wie in Bukowskis Text.

50 Die Beschreibung des Schauplatzes wird in der ersten von Bukowskis „Szenen aus der großen Zeit" auf das absolut Notwendige beschränkt: eine Ecke des Gefängnishofes und ein Dach darüber. Das einzige Ausstattungsmerkmal, das genannt wird, ist „Taubenscheiße". Damit wird drastisch auf die „beschissene" Situation der Hauptfigur hingewiesen.
In Lambrechts kleiner Geschichte wird der Bauwagen „zwischen hügligem Sand oder Kies" als Idylle dargestellt, in der die Arbeiter „am Feuer" sitzen und „Tee trinken". Diese vom Neid der Erzählerin gezeichneten räumlichen Verhältnisse lassen durch den Gegensatz die unerträgliche Beengtheit ihrer eigenen Wohnung deutlich werden. So lässt sich auch der Titel „Wohnungsbauer" in zweierlei Weise verstehen, einmal als Bezeichnung für die Bauarbeiter und zum anderen als Bild für die käfigartige Wohnung der Erzählerin (analog zu „Vogelbauer").

51 Ich- oder Er-Erzählung?
Der Ich-Erzähler ist zugleich eine handelnde Figur, der Text ist also eine Ich-Erzählung. Als erlebendes Ich tritt ein Kellner an einem Heiligen Abend auf. Als erzählendes Ich spricht derselbe Kellner, allerdings einige Wochen oder Monate später und inzwischen arbeitslos geworden. Infolge des beschränkten Blickwinkels wird das Kind nur in der Außensicht dargestellt, und der Leser erhält keine Informationen über die Probleme der Mutter. – Das erlebende Ich ist charakterisiert als ein Hotelkellner mit großer Berufserfahrung, der sich aus Mitleid, Zuneigung, Verantwortung oder aufgrund der eigenen Einsamkeit um ein vernachlässigtes Kind kümmert. Zu seinem Privatleben werden kaum Informationen gegeben, die Umstände (Zimmer im Hotel, am Heiligen Abend allein) weisen auf wenig soziale Kontakte hin.

Standort des Erzählers?
Das erzählende Ich berichtet aus einem deutlichen zeitlichen Abstand und verhält sich dabei auktorial: Es erläutert und kommentiert das Geschehen (z. B. Z. 115 ff.), es reflektiert Alternativen (Z. 64 ff. oder Z. 81 ff.), es gibt in den ersten acht Zeilen eine Vorausdeutung auf das weitere Geschehen, und es kommuniziert mit dem Leser, sodass eine Gesprächssituation entsteht: „Sie wissen sicher nicht, was sämig ist; (...)" (Z. 19 f.). Der Leser sieht das Geschehen daher nicht nur zwangsläufig aus der Perspektive des Kellners, sondern ihm wird auch klargemacht, wie er die Vorgänge und die beteiligten Figuren zu bewerten hat. So wird er das Verhalten des Kellners für richtig halten und das der Mutter ablehnen, ohne sich mit deren Gründen oder möglichen Alternativen des Kellners auseinander zu setzen.

Wertvorstellungen des Erzählers?
Am Verhalten des Kellners (des erlebenden Ich) lassen sich seine Wertvorstellungen ablesen.

Dass er seine Mahlzeit mit dem Kind teilt, ihm drei Stunden seiner Freizeit widmet und dabei seinen Arbeitsplatz aufs Spiel setzt, sind alles Hinweise auf Mitmenschlichkeit, Hilfsbereitschaft, soziale Verantwortung usw. Diesen Standpunkt vertritt der Kellner (als erzählendes Ich) auch noch, nachdem er die unangenehmen Folgen seines Handelns überblickt („Offen gestanden, ganz so schlimm finde ich es nicht [...]“, Z. 115 f.). – Diese Wertvorstellungen, die sein Handeln lenken, werden aber nicht ausdrücklich genannt, sondern heruntergespielt, z. B. gleich zu Anfang: „Ich weiß nicht, wie es hat geschehen können (...)“ (Z. 1). Dadurch, dass der Erzähler auf Nebensächlichkeiten wie die Beschaffenheit der Erbsensuppe ausführlich eingeht, so wichtige Informationen wie seine Motive aber nur beiläufig einfließen lässt (z. B. in Z. 81 ff.), wird der Leser zur Deutung seines Verhaltens herausgefordert. Dies steigert die Wirkung. Außerdem erscheint die Geschichte durch die ironische Haltung des Erzählers weniger sentimental.

52 Die Zeit, die man zum Lesen dieses Textes benötigt (Erzählzeit), ist nur unwesentlich kürzer als die Zeit, die vom Beginn des „Fenster-Theaters“ des Alten bis zum Ende vergeht (erzählte Zeit). Es wird also annähernd zeitdeckend erzählt. Wegen des kleinen Zeitsprungs nach Z. 66, des damit verbundenen Schauplatzwechsels und der Handlungsentwicklung lässt sich der Text in zwei szenische Darstellungen gliedern, in denen das Geschehen, die Vorführung des Alten und der Polizeieinsatz detailliert geschildert werden. In die erste Szene ist von Z. 3–9 eine kurze, aber prägnante Beschreibung der Frau und der Lage ihrer Wohnung eingeschoben.

53 Die Gestaltung des Schauplatzes ist in dieser Geschichte von grundsätzlicher Bedeutung. – Zunächst ist die räumliche Situation die Voraussetzung für die Entwicklung der Handlung. Das Gegenüber der mehrstöckigen Häuser erlaubt es einerseits, den Alten zu beobachten. Andererseits bewirkt diese Lage den Irrtum darüber, an wen die Vorführungen gerichtet sind. Denn es ist der Frau natürlich nicht möglich, von ihrem Fenster in die anderen Fenster des eigenen Hauses zu blicken. Gegen Ende der Handlung ermöglicht diese räumliche Anordnung dann der Hauptfigur wie in einem Akt der Selbsterkenntnis in „ihr eigenes finsteres Fenster“ zu sehen.
Die bereits im Titel hervorgehobenen Orte sind die Fenster, und ihr entscheidendes Ausstattungsmerkmal ist das Licht. Von den erleuchteten Fenstern des Alten und des Knaben, an denen sich menschliches Leben ereignet, wird das „finstere Fenster“ der kontakt- und freudlosen Frau abgesetzt.

54 Bis Z. 98 glaubt der Leser ebenso wie die Hauptfigur, dass die Veranstaltung des Alten entweder ihr gelte oder ohne jeden Adressatenbezug sei. Dies wird erreicht, indem der Erzähler dem Leser die entscheidende Information, dass am Fenster über der Frau jemand steht, vorenthält. Etwaige Vermutungen in diese Richtung werden sogar explizit zurückgewiesen: „Die Wohnung über ihr stand leer, (...)“ (Z. 21 f.). Der Leser versteht diesen Satz zunächst als (wahrheitsgemäße) Aussage des Erzählers; erst gegen Ende (Z. 99 ff.) wird klar, dass es sich um die irrtümliche Annahme der Hauptfigur gehandelt hat. Die grammatische Ununterscheidbarkeit von Erzählerbericht und erlebter Rede wird hier in verschleiernder Absicht verwendet.
Der Erzähler stellt sich ab Z. 20 auf den Standort der Frau und berichtet aus ihrer Perspektive. Wie sie beobachtet auch er den Alten, er begleitet sie auf dem Weg in dessen Wohnung und wird Zeuge des Polizeieinsatzes. Dabei sieht und hört er das, was sie sieht und hört. Der Horizont des Lesers wird bei diesem personalen Erzählerverhalten auf den Blickwinkel der Perspektivefigur eingegrenzt. Dies führt dazu, dass er am Ende auch deren Überraschung teilt.

3 Der Erzähler

Frühestens mit der Zeile 9 beginnt der Erzähler, sich personal zu verhalten. Bis dahin macht er sich deutlich bemerkbar. In den Z. 3–9 charakterisiert er die Frau als sensationsgierig und ihr soziales Umfeld als erlebnisarm, zudem gibt er deutliche Bewertungen: „Es hatte ihr noch niemand den Gefallen getan, (...)" (Z. 5 f.). Hier wird der Leser vom Erzähler auf die Figur, deren Perspektive er im Verlauf der Handlung einnehmen soll, eingestimmt.
Auch im weiteren Text wird an einigen Stellen von der vorherrschenden personalen Perspektive, ohne die die Pointe nicht möglich wäre, abgewichen. Es finden sich einzelne Sätze, die
55 nicht mit dem Horizont bzw. dem Erfahrungsbereich der Perspektivefigur übereinstimmen. So tritt der Erzähler in Erscheinung, wenn er die Begründung für den massiven Polizeieinsatz liefert: „Denn ihre Erklärung hatte nicht sehr klar (...) geklungen" (Z. 57 ff.). – Besonders auffällig mischt sich der Erzähler in die Handlung ein, wenn er dem Leser erklärt, weshalb der Alte nichts von dem Polizeieinsatz merkt: „Da er schwerhörig war, (...)" (Z. 94 f.). Auch eine Erzählfigur, die sich ganz überwiegend personal verhält und sich auf den Standort einer Perspektivefigur zurückzieht, kann sich stellenweise mit kurzen Hinweisen bemerkbar machen. Die Analyse des Erzählerverhaltens kann so zu sehr differenzierten Ergebnissen führen, wobei aber gewöhnlich eine vorherrschende Grundhaltung festzustellen ist.

Eine direkte Charakterisierung erfolgt nur durch den Erzähler im ersten Abschnitt („neugierig", „unersättlich"), im weiteren Text wird die Frau durch die Schilderung ihres Verhaltens indirekt charakterisiert, z.B. „Die Frau trat einen Schritt zurück, (...)" (Z. 33 f.). Der Erzähler
56 macht durch die wertenden Äußerungen in den ersten zehn Zeilen deutlich, dass er das Verhalten von Menschen ablehnt, die keine sozialen Kontakte pflegen, sondern sich mit der Rolle des Zuschauers begnügen. Als Vertreterin dieser Personengruppe wird die Frau von Anfang an negativ gesehen. Merkmale, die ihr Verhalten erklären könnten und sie dem Leser sympathischer machen würden, werden nicht mitgeteilt. Sie ist als Typ konzipiert.

Kapitel 4

Komposition und Stil

In Kapitel 1 wurde gezeigt, wie man erzählende Texte in einzelne Erzähleinheiten (Sequenzen) gliedern kann, indem man die Zeitstruktur und den Wechsel der Erzählweisen bestimmt. Diese Sequenzen stehen aber nicht unverbunden nebeneinander, sondern werden auf vielfältige Weise, z.B. durch die Einheit von Figuren und Handlung, miteinander verbunden. – Im Hinblick auf diesen inneren Zusammenhang der Teile muss der Autor auch entscheiden, in welcher Reihenfolge die Episoden bzw. Sequenzen angeordnet werden sollen. Durch die Erzeugung von Spannung und die Wiederholung von Leitmotiven werden die einzelnen Teile miteinander verknüpft. Das Verständnis und die Aufmerksamkeit des Lesers werden auch durch die Verwendung stilistischer Mittel gelenkt.

Prinzipien der Komposition

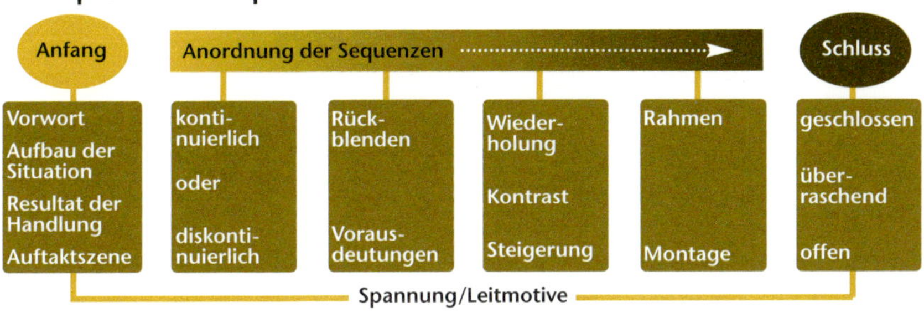

4.1 Die Anordnung der Erzählsequenzen

Jede Geschichte ist letztlich nur ein Ausschnitt aus einer Geschehensfolge. Die Voraussetzungen und Folgen der erzählten Handlung reichen unabsehbar weit in die Vergangenheit und die Zukunft; zudem ereignet sich vieles gleichzeitig. Beim Erzählen wird also ausgewählt und geordnet.

Anfang und Schluss

Bei jedem erzählenden Text sind die ersten und letzten Zeilen bzw. Seiten von ganz besonderer Bedeutung. Der Autor muss einen geeigneten Einstieg finden, der den Leser in das Geschehen der erzählten Welt hineinführt, und er muss einen sinnvollen Endzustand schaffen, der das Interesse des Lesers befriedigt. – Geht man von den drei Schritten der Handlungsentwicklung aus (Ausgangssituation – Handeln der Figuren – Ergebnis; vgl. hierzu auch Abschnitt 2.1), kann man einige typische Anfangssituationen unterscheiden:

- **Vorwort:** Der Erzähler gibt vor Beginn der Handlung eine Einführung in das Thema.
- **Aufbau der Situation:** Die Umstände des Handlungsbeginns werden am Anfang entfaltet. Dies ist der Normalfall des Erzählens.
- **Resultat der Handlung:** Das Ende wird an den Anfang gestellt.
- **Auftaktszene:** Eine besonders bedeutsame oder wirkungsvolle Episode wird an den Anfang gestellt.

In Kurzgeschichten, Anekdoten und anderen Texten geringen Umfangs besteht die ganze Geschichte häufig nur aus einer einzigen Episode. – Vergleicht man das Ende eines Textes mit den Erwartungen, die beim Leser geweckt worden sind, ergeben sich folgende typische Schlusssituationen:

- **Geschlossenes Ende:** Die Handlung kommt zu dem Resultat, das der Leser aufgrund der Handlungsentwicklung erwartet.
- **Überraschendes Ende:** Die Handlung nimmt eine unvermutete Wendung, das Ergebnis entspricht nicht den Erwartungen.
- **Offenes Ende:** Die Handlung endet vor dem zu vermutenden Resultat, der Leser muss selbst nach Lösungen suchen.

Aufgabe 57

Es folgen die Anfänge von vier längeren Erzählungen (Text 25–28). Erläutern und vergleichen Sie die Anfangssituationen. Überlegen Sie, welche Wirkungen von diesen Textanfängen ausgehen und was der Leser erwartet.

Text 25

Gottfried Keller: Romeo und Julia auf dem Dorfe (1856)

Diese Geschichte zu erzählen würde eine müßige Nachahmung sein, wenn sie nicht auf einem wirklichen Vorfall beruhte, zum Beweise, wie tief im Menschenleben jede jener Fabeln wurzelt, auf welche die großen alten Werke gebaut sind. Die Zahl solcher Fabeln ist mäßig; aber stets treten sie in neuem Gewande wieder in die Erscheinung und zwingen alsdann die Hand, sie festzuhalten. An dem schönen Flusse, der eine halbe Stunde entfernt an Seldwyl vorüberzieht, erhebt sich eine weitgedehnte Erdwelle und verliert sich, selber wohlbebaut, in der fruchtbaren Ebene. Fern an ihrem Fuße liegt ein Dorf, welches manche große Bauernhöfe enthält, und über die sanfte Anhöhe lagen vor Jahren drei prächtige lange Äcker weithingestreckt gleich drei riesigen Bändern nebeneinander.

An einem sonnigen Septembermorgen pflügten zwei Bauern auf zweien dieser Äcker, und zwar auf jedem der beiden äußersten; der mittlere schien seit langen Jahren brach und wüst zu liegen, denn er war mit Steinen und hohem Unkraut bedeckt, und eine Welt von geflügelten Tierchen summte ungestört über ihm. Die Bauern aber, welche zu beiden Seiten hinter ihrem Pfluge gingen, waren lange knochige Männer von ungefähr vierzig Jahren und verkündeten auf den ersten Blick den sichern, gutbesorgten Bauersmann. Sie trugen kurze Kniehosen von starkem Zwillich, an dem jede Falte ihre unveränderliche Lage hatte und wie in Stein gemeißelt aussah. (…)

Text 26

Ulrich Plenzdorf: Die neuen Leiden des jungen W. (1973)

(c) Suhrkamp Verlag Frankfurt am Main 1976, S. 7 ff.

Notiz in der „Berliner Zeitung" vom 26. Dezember:
Am Abend des 24. Dezember wurde der Jugendliche Edgar W. in einer Wohnlaube der Kolonie Paradies II im Stadtbezirk Lichtenberg schwer verletzt aufgefunden. Wie die Ermittlungen der Volkspolizei ergaben, war Edgar W., der sich seit längerer Zeit unangemeldet in der auf Abriß stehenden Laube aufhielt, bei Basteleien unsachgemäß mit elektrischem Strom umgegangen.

Anzeige in der „Berliner Zeitung" vom 30. Dezember:
Ein Unfall beendete am 24. Dezember das Leben unseres jungen Kollegen Edgar Wibeau. Er hatte noch viel vor!
VEB WIK Berlin
AGL Leiter FDJ

Anzeigen in der „Volkswacht" Frankfurt/O. vom 31. Dezember:
Völlig unerwartet riß ein tragischer Unfall unseren unvergessenen Jugendfreund Edgar Wibeau aus dem Leben.
VEB(K) Hydraulik Mittenberg
Berufsschule Leiter FDJ

Für mich noch unfaßbar erlag am 24. Dezember mein lieber Sohn Edgar Wibeau den Folgen eines tragischen Unfalls.
Else Wibeau.

„Wann hast du ihn zuletzt gesehen?"
„Im September. Ende September. Am Abend bevor er wegging."
„Hast du nie an eine Fahndung gedacht?"
„Wenn mir einer Vorwürfe machen kann, dann nicht du! Nicht ein Mann, der sich jahrelang um seinen Sohn nur per Postkarte gekümmert hat!"
„Entschuldige! – War es nicht dein Wunsch so, bei meinem Lebenswandel?!"
„Das ist wieder deine alte Ironie! – Nicht zur Polizei zu gehen war vielleicht das einzig Richtige, was ich gemacht hab. Selbst das war schließlich falsch. Aber zuerst war ich einfach fertig mit ihm. Er hatte mich in eine unmögliche Situation gebracht an der Berufsschule und im Werk. Der Sohn der Leiterin, bis dato der beste Lehrling, Durchschnitt eins Komma eins, entpuppt sich als Rowdy! Schmeißt die Lehre! Rennt von zu Hause weg! Ich meine …! Und dann kamen ziemlich schnell und regelmäßig Nachrichten von ihm. Nicht an mich. Bewahre. An seinen Kumpel Willi. Auf Tonband. Merkwürdige Texte. So geschwollen. Schließlich ließ sie mich dieser Willi anhören, die Sache wurde ihm selber unheimlich. Wo Edgar war, nämlich in Berlin, wollte er mir zunächst nicht sagen. Aus den Tonbändern wurde jedenfalls kein Mensch schlau. Immerhin ging so viel daraus hervor, daß Edgar gesund war, sogar arbeitete, also nicht gammelte. Später kam ein Mädchen vor, mit der es dann aber auseinanderging. Sie heiratete! Solange ich ihn hier hatte, hat er nichts mit Mädchen gehabt. Aber es war doch kein Fall für Polizei!"
Stop mal, stop! – Das ist natürlich Humbug. Ich hatte ganz schön was mit Mädchen. Zum erstenmal mit vierzehn. Jetzt kann ich's ja sa-

gen. Man hatte so allerhand Zeug gehört, aber nichts Bestimmtes. Da wollte ich's endlich genau wissen, das war so meine Art. Sie hieß Sylvia. Sie war ungefähr drei Jahre älter als ich. Ich brauchte knapp sechzig Minuten, um sie rumzukriegen. Ich finde, das war eine gute Zeit für mein Alter, und wenn man bedenkt, daß ich noch nicht meinen vollen Charme hatte und nicht dieses ausgeprägte Kinn. Ich sag das nicht, um anzugeben, sondern daß sich keiner ein falsches Bild macht, Leute. Ein Jahr später klärte mich Mutter auf. Sie rackerte sich ganz schön ab. Ich Idiot hätte mich beölen können, aber ich machte Pfötchen wie immer. Ich glaube, das war eine Sauerei.

„Wieso entpuppte er sich als Rowdy?"

„Er hat seinem Ausbilder den Zeh gebrochen." – „Den Zeh?"

„Er hat ihm eine schwere Eisenplatte auf den Fuß geworfen, eine Grundplatte. Ich war wie vor den Kopf geschlagen. Ich meine ...!"

„Einfach so?"

Text 27

Helga Schütz: Festbeleuchtung (1973)

Aus: H. S.: Festbeleuchtung. Erzählung. Darmstadt (Sammlung Luchterhand 382) 1982.

Von einer Hochzeit wäre zu reden. Und dies zum wiederholten Male. Die Vorbereitungen sind so weit gediehen, daß wir uns an den gedeckten Tisch setzen könnten, um die Braut zu bestaunen und den Kuchen zu kosten und den Sauerbraten und die vielen Getränke auszuprobieren.

Wir könnten jetzt lang und breit die etwas reife, aber jung gebliebene Braut bewundern, und über den Bräutigam könnten wir ein paar anerkennende oder vielmehr tadelnde Sätze machen.

Wir könnten den Gasthof Zander beschreiben.

Oder wir könnten uns fragend an x-beliebige Gäste wenden, wir könnten um Auskunft bitten über Befinden und Herkunft. Wir könnten uns einblenden in die Festtagsscherze und alles auf sich beruhen lassen. Wir könnten so tun, als wäre alles beim alten. Ein Spruch auf das Brautpaar ist immer am Platze. Oder wir entdeckten die Wunde am Daumen der Braut und nähmen damit Kurs auf die Vorgeschichte, auf den letzten Streit der Verlobten. Oder wir beschrieben das saure Gesicht der Brautmutter. Wir ließen die Brautmutter das Telegramm von Bertram aus Rom vorlesen, könnten erzählen, wie sie gestört wird von lauten unpassenden Gesängen des fremden Gesangvereins. Den Namen des ungebetenen Gastes könnten wir jetzt schon rücksichtslos nennen und könnten beschreiben, zu welchem Glauben er uns aus Versehen oder mit Absicht bekehrt. Oder wir begännen mit dem Applaus der Gäste und dem Bericht über die Wetterlage an diesem Junius 1951 im südlichen Ausläufer des Harzes.

Hätten wir so getan, müßten wir uns jetzt mit den Gästen erheben und die Gläser in die Hand nehmen und den Bräutigam anhören, der seine Fliege denkt geradezurücken, sie aber dabei recht quer dreht und den Versammelten sagt: Ich danke euch, daß ihr zu uns gekommen seid, den Weg aus allen vier Winden.

Dies wiederum hätte zur Folge, daß wir einen Jungen, ein rotgelocktes Knäblein von zehn Jahren, jetzt Rainer nennen und einfach so einen Satz folgen lassen müßten:

Es gab einen Ratsch, denn Rainer hatte beim Hinsetzen seinen Stuhl auf Mutters Brautschleier gestellt, und die Braut hatte sich in diesem Augenblick über den Tisch beugen wollen, um den Brautjungfern die Götterspeise zu reichen.

Auch andres müßte man jetzt klären. Zum Beispiel: Rainer, wer ist denn das? Und Jette, die Brautjungfer, und Klose Ursula und Heinrich und Berta Mann und Selma und Frau Pospich und die kleine Frau mit dem zierlichen grauen Haarknoten über dem Samtkragen und der Alte mit dem gesunden Gesicht und den schlohweißen Zähnen – und Zander und Holzapfel, das sind uns ganz neue Namen.

Dies zu klären beginnen wir, wie eine Geschichte klüglich anzufangen hat: Spitzbergen ist nicht Spitzbergen. Spitzbergen heißt ein Dorf am südlichen Ausläufer des Harzes. Außenstehende würden sagen, es ist ein friedliches Dorf mit friedlichen Menschen, eine Gegend, die die Kriege verschont haben. Die Einheimischen sind anderer Meinung, sie verweisen auf die verlorenen Söhne, und sie verweisen auf schlechte Möglichkeiten und auf diesen Tag, als ihnen ohne Vorwarnung die Leute aus den fremden Gebieten vom Osten vor die Haustür gesetzt worden waren. Da standen sie, mit nischt als Hunger im Lodenmantel. Und dann kam Gendarmerie und die Besatzungsmacht, und die haben, wo nicht doch noch aufgeschlossen wurde, die Türen buchstäblich eingeschlagen und haben zwangseingewiesen. (…)

Text 28

Patrick Süskind: Das Parfum (1985)

Im achtzehnten Jahrhundert lebte in Frankreich ein Mann, der zu den genialsten und abscheulichsten Gestalten dieser an genialen und abscheulichen Gestalten nicht armen Epoche gehörte. Seine Geschichte soll hier erzählt werden. Er hieß Jean-Baptiste Grenouille, und wenn sein Name im Gegensatz zu den Namen anderer genialer Scheusale, wie etwa de Sades, Saint-Justs, Fouchés, Bonapartes usw., heute in Vergessenheit geraten ist, so sicher nicht deshalb, weil Grenouille diesen berühmten Finstermännern an Selbstüberhebung, Menschenverachtung, Immoralität, kurz an Gottlosigkeit nachgestanden hätte, sondern weil sich sein Genie und sein einziger Ehrgeiz auf ein Gebiet beschränkte, welches in der Geschichte keine Spuren hinterläßt: auf das flüchtige Reich der Gerüche.

Zu der Zeit, von der wir reden, herrschte in den Städten ein für uns moderne Menschen kaum vorstellbarer Gestank. Es stanken die Straßen nach Mist, es stanken die Hinterhöfe nach Urin, es stanken die Treppenhäuser nach fauligem Holz und nach Rattendreck, die Küchen nach verdorbenem Kohl und Hammelfett; die ungelüfteten Stuben stanken nach muffigem Staub, die Schlafzimmer nach fettigen Laken, nach feuchten Federbetten und nach dem stechend süßen Duft der Nachttöpfe. Aus den Kaminen stank der Schwefel, aus den Gerbereien stanken die ätzenden Laugen, aus den Schlachthöfen stank das geronnene Blut. Die Menschen stanken nach Schweiß und nach ungewaschenen Kleidern; aus dem Mund stanken sie nach verrotteten Zähnen, aus ihren Mägen nach Zwiebelsaft und an den Körpern, wenn sie nicht mehr ganz jung waren, nach altem Käse und nach saurer Milch und nach Geschwulstkrankheiten. Es stanken die Flüsse, es stanken die Plätze, es stanken die Kirchen, es stank unter den Brücken und in den Palästen. Der Bauer stank wie der Priester, der Handwerksgeselle wie die Meisterfrau, es stank der gesamte Adel, ja sogar der König stank, wie ein Raubtier stank er, und die Königin wie eine alte Ziege, sommers wie winters. Denn der zersetzenden Aktivität der Bakterien war im achtzehnten Jahrhundert noch keine Grenze gesetzt, und so gab es keine menschliche Tätigkeit, keine aufbauende und keine zerstörende, keine Äußerung des aufkeimenden oder verfallenden Lebens, die nicht von Gestank begleitet gewesen wäre.

Und natürlich war in Paris der Gestank am größten, denn Paris war die größte Stadt Frankreichs. Und innerhalb von Paris wiederum gab es einen Ort, an dem der Gestank ganz besonders infernalisch herrschte, zwischen der Rue aux Fers und der Rue de la Ferronnerie, nämlich den Cimetière des Innocents. Achthundert Jahre lang hatte man hierher die Toten des Krankenhauses Hôtel-Dieu und der umliegenden Pfarrgemeinden verbracht, achthundert Jahre lang Tag für Tag die Kadaver zu Dutzenden herbeigekarrt und in lange Gräben geschüttet, achthundert Jahre lang in den Grüften und Beinhäusern

Knöchelchen auf Knöchelchen geschichtet. Und erst später, am Vorabend der Französischen Revolution, nachdem einige der Leichengräben gefährlich eingestürzt waren und der Gestank des überquellenden Friedhofs die Anwohner nicht mehr zu bloßen Protesten, sondern zu wahren Aufständen trieb, wurde er endlich geschlossen und aufgelassen, wurden die Millionen Knochen und Schädel in die Katakomben von Montmartre geschaufelt, und man errichtete an seiner Stelle einen Marktplatz für Viktualien.
Hier nun, am allerstinkendsten Ort des gesamten Königreichs, wurde am 17. Juli 1738 Jean-Baptiste Grenouille geboren. Es war einer der heißesten Tage des Jahres.

Aufgabe 58
Bestimmen und vergleichen Sie die Schlusssituationen in Mrożeks „Schuld und Sühne" (Text 13), Wohmanns „Wachsfiguren" (Text 14) und Hebels „Kaiser Napoleon und die Obstfrau in Brienne" (Text 10).

Abfolge der Sequenzen

Zwischen Anfang und Schluss müssen die Ereignisse, von denen erzählt werden soll, in einzelne „Portionen" (Sequenzen, Erzähleinheiten, Episoden …) geteilt und dann in einer bestimmten Reihenfolge angeordnet werden. Das Geschehen kann **kontinuierlich** erzählt werden, d.h. in der chronologischen Folge, in der es auch in „Wirklichkeit" geschehen wäre, oder **diskontinuierlich,** d.h. in verdrehter Reihenfolge mit chronologischen Umstellungen.

Kontinuierliches Erzählen (z.B. „Die Geschichte des Marschalls von Bassompierre", vgl. Text 9), ist der Normalfall und bedarf keiner Deutung. Hierbei ist nur zu fragen, welche Sequenzen ausführlicher und welche weniger ausführlich erzählt werden.
Bei chronologischen Umstellungen, z.B. dem Verschweigen von Anfangsereignissen oder dem Voranstellen späterer Vorgänge, muss aber nach dem Sinn solcher Abweichungen gefragt werden. Um den Leser auf das Geschehen gespannt zu machen, wird in der Erzählung „Festbeleuchtung" (Text 27) auf der ersten und zweiten Spalte ein Hochzeitsessen geschildert, das eigentlich zu einem viel späteren Zeitpunkt der Handlung stattfindet.

Abweichungen von der Chronologie können ein Mittel der künstlerischen Komposition sein, sie sind aber auch immer dann unvermeidbar, wenn Handlungen sich gleichzeitig oder an verschiedenen Orten vollziehen. Da diese nur nacheinander erzählt werden können, muss der Erzähler die Handlungsfolge kurzzeitig unterbrechen, um

- in **Rückblenden** (Rückgriffen) früheres Geschehen nachzutragen (z. B. in Text 13, Z. 7 ff.) oder um
- in **Vorausdeutungen** einen Ausblick in die Zukunft zu geben (z. B. in Text 10, Z. 40 f.).

Aufgabe 59
Zeigen Sie einen Rückgriff und eine Vorausdeutung des Erzählers in Text 7 „Begegnung um Mitternacht" (zweite Fassung).

Aufgabe 60
Zeigen Sie Abweichungen vom kontinuierlichen Erzählen in Bölls „Monolog eines Kellners" (Text 23).

Aufbauprinzipien

Der Anordnung der Sequenzen können bestimmte Ordnungsmuster zugrunde liegen. Solche Aufbauprinzipien können sein

- die **Wiederholung** von Geschehensabläufen,
- die **Steigerung** von Handlungen,
- der **Kontrast** zwischen den Vorgängen.

Einfache und volkstümliche Werke der erzählenden Literatur sind oft besonders deutlich nach diesen Prinzipien aufgebaut: In „Rumpelstilzchen" muss die Müllerstochter dreimal immer größere Strohmengen zu Gold spinnen (Wiederholung, Steigerung), der „Fischer und seine Frau" erbitten vom Butt immer größere Gaben (Wiederholung, Steigerung), und das Märchen „Frau Holle" handelt von dem gegensätzlichen Verhalten und den gegensätzlichen Erlebnissen eines fleißigen und eines faulen Mädchens (Kontrast).
Neben diesen einfachen Prinzipien zur Anordnung von Erzählsequenzen finden sich vor allem in längeren Texten noch zwei besondere Kompositionstechniken:

- der **Rahmen** (bzw. die Rahmenhandlung): Die eigentliche Handlung wird in einen Rahmen gestellt, von dem aus sie unter Umständen kommentiert wird (vgl. in Text 18 „Das unterbrochene Schweigen" die Zeilen 1–57 und 166–170).

- die **Montage:** Verschiedene Textelemente (Zeitungsartikel, Protokolle, Briefe …), die das Geschehen bzw. das Thema aus verschiedener Perspektive zeigen, werden verknüpft (vgl. hierzu die Abschnitte im Text 26).

Aufgabe 61
Zeigen Sie an den Texten 10 („Kaiser Napoleon und die Obstfrau von Brienne"), 9 („Die Geschichte des Marschalls von Bassompierre") und 23 („Monolog eines Kellners"), welche Beziehungen zwischen Anfang und Schluss bestehen. – Überlegen Sie, welche Wirkung davon ausgeht.

4.2 Die Verknüpfung der Erzählsequenzen

Literarische Texte wirken besonders geschlossen. Zwei kompositorische Mittel dienen dazu, die einzelnen Sequenzen so miteinander zu verbinden, dass sie zusammen ein bedeutsames Ganzes ergeben.

Der Spannungsaufbau

Der Leser liest eine einmal angefangene Erzählung meist deshalb bis zum Ende, weil er wissen will, wie sich das Geschehen weiter entwickelt. Es sind die ungelösten Fragen nach dem weiteren Schicksal der Figuren, nach verborgenen Zusammenhängen usw., die einen Text spannend machen. Bei der Konstruktion eines erzählenden Textes kann es eine große Rolle spielen, wann derartige Fragen aufgeworfen werden und wie das Interesse an ihrer Beantwortung wach gehalten wird. Bei diesem Spannungsaufbau lassen sich vier Phasen unterscheiden.

- **Spannungserzeugung:** Eine Frage wird aufgeworfen.
- **Spannungssteigerung:** Das Interesse an der Beantwortung dieser Frage wird gesteigert.
- **Spannungsverzögerung:** Die Beantwortung dieser Frage wird hinausgeschoben.
- **Spannungslösung:** Die Frage wird beantwortet.

Der Spannungsbogen vom Auftauchen einer solchen Frage bis zu ihrer Beantwortung sorgt für den inneren Zusammenhang eines Textes. Verschiedene Spannungsbögen unterschiedlicher Länge können sich überlagern.

Aufgabe 62
Klären Sie für den zweiten Teil von Grimms Märchen „Der süße Brei" (Text 11, ab Z. 14), wo Spannung erzeugt, gesteigert und gelöst wird.

Aufgabe 63
Erläutern Sie den Spannungsaufbau in Aichingers „Fenster-Theater" (Text 24).

Die Leitmotive

Der Eindruck, dass die einzelnen Textteile eng zusammengehören, wird auch durch die gezielte Wiederholung von Textelementen erreicht. Mit diesen Leitmotiven kann gerade in längeren Texten ein Netz von Beziehungen geknüpft werden.

Solche **Leitmotive** können sein
- wiederkehrende Handlungselemente,
- wiederholt verwendete sprachliche Bilder,
- sich wiederholende Redewendungen, Gesten usw.

Eine besonders auffällige Art von Leitmotiven sind **Dingsymbole,** d.h. „Requisiten" (Gegenstände oder Lebewesen), die an bedeutsamer Stelle wiederkehren (z.B. die „Bretterwand" in Text 30).

Aufgabe 64
Welche Leitmotive werden in Wohmanns „Wachsfiguren" (Text 14) und Aichingers „Fenster-Theater" (Text 24) durch Wiederholung hervorgehoben? – Welche Bedeutung kommt ihnen zu?

Solche Leitmotive bzw. Dingsymbole signalisieren dem Leser bei ihrem wiederholten Auftreten nicht nur, dass Zusammenhänge bestehen, sondern sie können auch Erwartungen schaffen (vergleichbar mit Musikstücken, die im Film auf positive oder negative Ereignisse vorbereiten).

4.3 Der Stil

Die Geschichte, die sich der Autor ausgedacht hat, muss geschrieben werden. Die Sprache bietet zu diesem Zweck eine große Auswahl an Wörtern und Satzformen. Aus dieser Vielzahl sprachlicher Möglichkeiten entscheidet sich der Autor für bestimmte Wörter und grammatische Strukturen. Diese individuelle Auswahl bezeichnet man als Stil (Schreibweise). Der Stil, also die Bevorzugung bestimmter Wörter, Wortarten, Satzarten usw., wird u.a. beeinflusst vom Thema, von den sprachlichen Gepflogenheiten der jeweiligen Zeit, vom (vorgestellten) Lesepublikum, von der Persönlichkeit und den Absichten des Autors. – Ein enger Zusammenhang besteht aber auch zwischen Stil, Erzählweise und Erzählerverhalten.

Der Stil in der Erzählerrede

Das Verhalten des Erzählers zeigt sich in seinem Stil. Ein auktorialer Erzähler wird u. U. versuchen, durch rhetorische Fragen, Anreden usw. den Kontakt zum Leser herzustellen. Die Verwendung von Wortfiguren kann ihm die Gelegenheit geben, während des Erzählvorgangs das Geschehen zu bewerten. – Ein personaler Erzähler wird sich hingegen auch stilistisch an dem Standort und Standpunkt seiner Perspektivefigur orientieren. Und die „Kameraperspektive" des neutralen Erzählers wird sich in einem vergleichsweise sachlichen Stil niederschlagen.

Aufgabe 65
Bestimmen Sie das Erzählerverhalten zu Beginn der Erzählung „Festbeleuchtung" von Helga Schütz (Text 27). Welche Stilmittel werden eingesetzt, um hier einen Kontakt zwischen Erzähler und Leser herzustellen?

Aufgabe 66
Vergleichen Sie damit den Stil am Anfang der „Reitergeschichte" (Text 5) von Hugo von Hofmannsthal.

Der Stil in der Figurenrede

In der Figurenrede (vor allem in der direkten Rede und im Bewusstseinsstrom) dienen Stilelemente auch dazu, die sprechende oder denkende Figur hinsichtlich ihres Bildungsstandes, ihres Sozialverhaltens, ihrer psychischen Verfassung usw. zu charakterisieren. – Vereinfachend kann man drei **Stilebenen** unterscheiden, auf denen die Sprecher sich je nach sprachlicher Kompetenz oder Situation bewegen,

- die **mittlere, normale Stilebene** (z. B. „Gesicht", „stehlen"),

- die **gehobene Stilebene** (dichterisch oder amtssprachlich, z. B. „Antlitz", „entwenden"),
- die **niedrige Stilebene** (umgangssprachlich, jargonhaft oder vulgär, z. B. „Fresse", „klauen").

Gerade bei älteren Texten ist aber zu beachten, dass das, was einem heutigen Leser stilistisch auffällig erscheint, möglicherweise für den Autor und seinen zeitgenössischen Leser allgemein übliche sprachliche Umgangsformen waren (z. B. Anreden, Grußfloskeln oder das Siezen der Eltern).

Aufgabe 67
Erläutern Sie den Wechsel des Erzählerverhaltens am Anfang von Plenzdorfs „Die neuen Leiden des jungen W." (Text 26; vgl. dazu Abschnitte 3.2 und 3.3). Erläutern Sie dann die auffälligen Stilelemente in den Z. 70–88. Welche Bedeutung hat dieser Stil für den Leser?

Die Stilfiguren

Wenn in Wortwahl oder Satzbau auffällig von der Normalsprache abgewichen wird, spricht man von Stilfiguren. Da die Sprache an diesen Stellen nicht den Erwartungen des Lesers entspricht, wird bei diesem eine Wirkung erzielt. Je deutlicher die Abweichung ist, desto deutlicher ist auch die Wirkung. – In literarischen Texten ist diese Wirkung beabsichtigt und dient der Aussageabsicht. Texte, die in dieser Art Wirkungsvolles zum bloßen Schmuck anhäufen, ohne damit eine Aussage zu transportieren, werden vielfach abwertend als „Kitsch" bezeichnet. Im Folgenden soll auf einige der Stilfiguren hingewiesen werden, auf die man bei der Analyse erzählender Texte besonders häufig stößt.

Die **Wortfiguren** sind Abweichungen von der üblichen Wortwahl. Das eigentlich Gemeinte wird durch andere Wörter ersetzt, wodurch die Aussage neue Aspekte erhält. Besonders häufige Wortfiguren in erzählenden Texten sind

- die **Periphrase,** d.h. die Umschreibung eines Sachverhalts, einer Person o. Ä. („Denn der brave Offizier ließ […] ihm […] hundert Prügel bar ausbezahlen, lauter gute Valuta, […]" – Text 1, Z. 75 ff.),
- die **Metapher,** d.h. die Übertragung eines Wortes aus einem ganz anderen Bedeutungszusammenhang („Der Himmel ist ein graues Tuch." – Text 22, Z. 2 f.),

- der **Vergleich,** d.h. die anschauliche Verknüpfung zweier Bedeutungsbereiche mittels einer Vergleichspartikel („und über die sanfte Anhöhe lagen vor Jahren drei prächtige lange Äcker dahingestreckt gleich drei riesigen Bändern nebeneinander." – Text 25, Z. 16 ff.).

Als **Satzfiguren** bezeichnet man auffällige Abweichungen vom normalen Satzbau. Vorwiegend handelt es sich um Häufungen von Wörtern und ungewöhnliche Satzstellungen. In erzählenden Texten stößt man oft auf

- die **Häufung,** d.h. die Aneinanderreihung von Unterbegriffen oder bedeutungsähnlichen Wörtern („[...], weil Grenouille diesen berühmten Finstermännern an Selbstüberhebung, Menschenverachtung, Immoralität, kurz an Gottlosigkeit nachgestanden hätte, [...]" – Text 28, Z. 11 ff.),
- die **Klimax,** d.h. die stufenweise Steigerung der Aussage („In der Vitrine klirren die Gläser, zerscherbeln die kunstvoll aufgebauten Kristalltürme." – Text 15, Z. 24 ff.),
- die **Ellipse,** d.h. die Auslassung von leicht zu ergänzenden Wörtern oder Satzteilen („[Wer] Kein Gesicht [hat], [hat] keinen Namen." – Text 14, Z. 65).

Unter **Gedankenfiguren** versteht man Abweichungen vom üblichen Gedankengang. Für die Analyse erzählender Texte sind vor allem wichtig

- die **Anrede,** d.h. die Wendung des Erzählers an den Leser oder andere Personen („Sie wissen sicher nicht, was sämig ist; [...]" – Text 23, Z. 19 f.),
- die **rhetorische Frage,** d.h. die an den Leser gerichtete, scheinbare Frage („Der große Kaiser Napoleon brachte seine Jugend, als Zögling, in der Kriegsschule zu Brienne zu, und wie?" – Text 10, Z. 1 ff.),
- die **Antithese,** d.h. die Gegenüberstellung gegensätzlicher Aussagen („Denn der Krieg bringt nichts, er holt." – Text 2, Z. 6),
- die **Ironie,** d.h. eine Aussage, die eigentlich ihr Gegenteil meint („Der Bub veränderte sich sehr zu seinem Vorteil." – Text 13, Z. 123 f.).

Als **Wiederholungs- und Klangfiguren** kann man die Abweichungen von Wortwahl und Satzbau verstehen, bei denen es neben Verständnissicherung und Nachdruck auch darum geht, besondere Klangeffekte zu erzielen. Eine besondere Rolle spielen in erzählenden Texten

- die **Wortwiederholung,** d.h. die Wiederholung einzelner Wörter zur Verstärkung der Aussagewirkung („Ich bin ein grüner Mensch. Grün mit grünblauen Placken. Grüne Haut." – Text 19, Z. 1 f.),
- die **Alliteration,** d.h. die Wiederholung der gleichen betonten Anlaute („ihr eigenes finsteres Fenster" – Text 24, Z. 87 f.).

Aufgabe 68

Analysieren Sie die Wortfiguren im ersten Abschnitt von Text 25 („Romeo und Julia auf dem Dorfe"). Überlegen Sie, mit welcher Aussageabsicht sie verwendet werden.

Aufgabe 69

Analysieren Sie die Stilfiguren im zweiten Abschnitt von Süskinds Roman „Das Parfum" (Text 28). – Überlegen Sie, mit welchen stilistischen Mitteln Lese- bzw. Kaufanreize geschaffen werden.

4.4 Analyse von Komposition und Stil

Wenn man sich die Frage stellt, in welcher Weise die einzelnen Teile eines Textes angeordnet sind und wie sie miteinander verbunden sind, muss man die einzelnen Sequenzen vorher so voneinander abgegrenzt haben, wie es in Kapitel 1 dargestellt ist. – Auf stilistische Auffälligkeiten wird man schon bei der Analyse des Stoffs (Kapitel 2) und des Erzählerverhaltens (Kapitel 3) stoßen und sollte sie auch gleich in diesem Zusammenhang erläutern. Die folgenden Leitfragen sollen beispielhaft an einer Kurzgeschichte erprobt werden, die von den Lesern der „Zeit" 1955 in einem literarischen Preisausschreiben als Sieger gewählt wurde.

Leitfragen zur Analyse von Komposition und Stil

1. **Wie sind die Erzählsequenzen angeordnet?**
   Charakterisieren Sie die Anfangs- und Schlusssituation.
   Wird kontinuierlich oder diskontinuierlich erzählt?
   Finden sich Rückblenden oder Vorausdeutungen?
   Gibt es einen Rahmen, Nebenhandlungen oder Montagen?
2. **Wie sind die Sequenzen verknüpft?**
   Beschreiben Sie den Spannungsverlauf.
   Treten Leitmotive auf? In welcher Funktion?

3. Welche Funktion haben stilistische Besonderheiten?
Benutzt der Erzähler auffällige Stilelemente?
Werden Figuren stilistisch charakterisiert?
Werden Textstellen durch Stilelemente hervorgehoben?

Text 29

Herbert Malecha: Die Probe (1955)

Aus: Hühnerfeld, P. (Hg.): Die Probe. Hamburg 1955.

Redluff sah, das schrille Quietschen der Bremsen noch in den Ohren, wie sich das Gesicht des Fahrers ärgerlich verzog. Mit zwei taumeligen Schritten war er wieder auf dem Gehweg. „Hat es Ihnen was gemacht?" Er fühlte sich am Ellbogen angefaßt. Mit einer fast brüsken Bewegung machte er sich frei. „Nein, nein, schon gut. Danke", sagte er noch, beinah schon über die Schulter, als er merkte, daß ihm der Alte nachstarrte.
Eine Welle von Schwäche stieg von seinen Knien auf, wurde fast zur Übelkeit. Das hätte ihm gerade gefehlt, angefahren auf der Straße liegen, eine gaffende Menge und dann die Polizei. Er durfte jetzt nicht schwach werden, nur weiterlaufen, unauffällig weiterlaufen zwischen den vielen auf der hellen Straße. Langsam ließ das Klopfen im Halse nach. Seit drei Monaten war er zum ersten Mal wieder in der Stadt, zum ersten Mal wieder unter so viel Menschen. Ewig konnte er in dem Loch sich ja nicht verkriechen, er mußte einmal wieder raus, wieder Kontakt aufnehmen mit dem Leben, überhaupt raus aus allem. Ein Schiff mußte sich finden lassen, möglichst noch, bevor es Winter wurde. Seine Hand fuhr leicht über die linke Brustseite seines Jacketts, er spürte den Paß, der in der Innentasche steckte; gute Arbeit war dieser Paß, er hatte auch nicht schlecht dafür bezahlt.
Die Autos auf der Straße waren zu einer langen Kette aufgefahren. Nur stockend schoben sie sich vorwärts. Menschen gingen an ihm vorbei, kamen ihm entgegen; er achtete darauf, daß sie ihn nicht streiften. Einem Platzregen von Gesichtern war er ausgesetzt, fahle Ovale, die sich mit dem wechselnden Reklamelicht verfärbten. Redluff strengte sich an, den Schritt der vielen anzunehmen, mitzuschwimmen in dem Strom. Stimmen, abgerissene Gesprächsfetzen schlugen an sein Ohr, jemand lachte. Für eine Sekunde haftete sein Blick an dem Gesicht einer Frau, ihr offener, bemalter Mund sah schwarzgerändert aus. Die Autos fuhren jetzt an, ihre Motoren summten auf. Eine Straßenbahn schrammte vorbei. Und wieder Menschen, Menschen, ein Strom flutender Gesichter, Sprechen und hundertfache Schritte. Redluff fuhr unwillkürlich mit der Hand an seinen Kragen. An seinem Hals merkte er, daß seine Finger kalt und schweißig waren.
Wovor hab' ich denn eigentlich Angst, verdammte Einbildung, wer soll mich schon erkennen in dieser Menge, sagte er sich. Aber er spürte nur zu genau, daß er in ihr nicht eintauchen konnte, daß er wie ein Kork auf dem Wasser tanzte, abgestoßen und weitergetrieben. Ihn fror plötzlich. Nichts wie verdammte Einbildung, sagte er sich wieder. Vor drei Monaten war das ja noch anders, da stand sein Name schwarz auf rotem Papier auf jeder Anschlagsäule zu lesen, Jens Redluff, nur gut, daß das Photo so schlecht war. Der Name stand damals fett in den Schlagzeilen der Blätter, wurde dann klein und kleiner, auch das Fragezeichen dahinter, rutschte in die letzten Zeilen und verschwand bald ganz.
Redluff war jetzt in eine Seitenstraße abgebogen, der Menschenstrom wurde dünner, noch ein paar Abbiegungen, und die Rinn-

sale lösten sich auf, zerfielen in einzelne Gestalten, einzelne Schritte. Hier war es dunkler. Er konnte den Kragen öffnen und die Krawatte nachlassen. Der Wind brachte einen brackigen Lufthauch vom Hafen her. Ihn fröstelte.

Ein breites Lichtband fiel quer vor ihm über die Straße, jemand kam aus dem kleinen Lokal, mit ihm ein Dunst nach Bier, Qualm und Essen. Redluff ging hinein. Die kleine, als Café aufgetakelte Kneipe war fast leer, ein paar Soldaten saßen herum, grelle Damen in ihrer Gesellschaft. Auf den kleinen Tischen standen Lämpchen mit pathetisch roten Schirmen. Ein Musikautomat begann aus der Ecke zu hämmern. Hinter der Theke lehnte ein dicker Bursche mit bloßen Armen. Er schaute nur flüchtig auf.

„Konjak, doppelt", sagte Redluff zu dem Kellner. Er merkte, daß er seinen Hut noch in der Hand hielt und legte ihn auf den leeren Stuhl neben sich. Er steckte sich eine Zigarette an, die ersten tiefen Züge machten ihn leicht benommen. Schön warm war es hier, er streckte seine Füße lang aus. Die Musik hatte gewechselt. Über gezogen jaulenden Gitarrentönen hörte er halblautes Sprechen, ein spitzes Lachen vom Nachbartisch. Gut saß es sich hier.

Der Dicke hinter der Theke drehte jetzt seinen Kopf nach der Tür. Draußen fiel eine Wagentür schlagend zu. Gleich darauf kamen zwei Männer herein, klein und stockig der eine davon. Er blieb in der Mitte stehen, der andere, im langen Ledermantel, steuerte auf den Nachbartisch zu. Keiner von beiden nahm seinen Hut ab. Redluff versuchte hinüberzuschielen, es durchfuhr ihn. Er sah, wie der Große sich über den Tisch beugte, kurz etwas Blinkendes in der Hand hielt. Die Musik hatte ausgesetzt. „What's he want?" hörte er den Neger vom Nebentisch sagen. „What's he want?" Er sah seine wulstigen Lippen sich bewegen. Das Mädchen kramte eine bunte Karte aus ihrer Handtasche. „What's he want?" sagte der Neger eigensinnig. Der Mann war schon zum nächsten Tisch gegangen. Redluff klammerte sich mit der einen Hand an die Tischkante. Er sah, wie die Fingernägel sich entfärbten. Der rauchige Raum schien ganz leicht zu schwanken, ganz leicht. Ihm war, als müßte er auf dem sich neigenden Boden jetzt langsam samt Tisch und Stuhl auf die andere Seite rutschen. Der Große hatte seine Runde beendet und ging auf den anderen zu, der immer noch mitten im Raum stand, die Hände in den Manteltaschen. Redluff sah, wie er zu dem Großen etwas sagte. Er konnte es nicht verstehen. Dann kam er geradewegs auf ihn zu.

„Sie entschuldigen", sagte er, „Ihren Ausweis, bitte!" Redluff schaute erst gar nicht auf das runde Metall in seiner Hand. Er drückte seine Zigarette aus und war plötzlich völlig ruhig. Er wußte es selbst nicht, was ihn mit einmal so ruhig machte, aber seine Hand, die in die Innentasche seines Jacketts fuhr, fühlte den Stoff nicht, den sie berührte, sie war wie von Holz. Der Mann blätterte langsam in dem Paß, hob ihn besser in das Licht. Redluff sah die Falten auf der gerunzelten Stirn, eins, zwei, drei. Der Mann gab ihm den Paß zurück. „Danke, Herr Wolters", sagte er. Aus seiner unnatürlichen Ruhe heraus hörte Redluff sich selber sprechen. „Das hat man gern, so kontrolliert zu werden wie –", er zögerte etwas, „ein Verbrecher!" Seine Stimme stand spröde im Raum. Er hatte doch gar nicht so laut gesprochen. „Man sieht manchmal jemand ähnlich", sagte der Mann, grinste, als hätte er einen feinen Witz gemacht. „Feuer?" Er fingerte eine halbe Zigarre aus der Manteltasche. Redluff schob seine Hand mit dem brennenden Streichholz längs der Tischkante ihm entgegen. Die beiden gingen.

Redluff lehnte sich in seinem Stuhl zurück. Die Spannung in ihm zerbröckelte, die eisige Ruhe schmolz. Er hätte jubeln können. Das war es, das war die Probe, und er hatte sie bestanden. Triumphierend setzte der Musikautomat wieder ein. „He, Sie vergessen Ihren Hut", sagte der Dicke hinter der Theke. Draußen atmete er tief, seine Schritte schwangen weit aus, am liebsten hätte er gesungen.

Langsam kam er wieder in belebtere Straßen, die Lichter nahmen zu, die Läden, die Leuchtzeichen an den Wänden. Aus einem

Kino kam ein Knäuel Menschen, sie lachten und schwatzten, er mitten unter ihnen. Es tat ihm wohl, wenn sie ihn streiften. „Hans", hörte er eine Frauenstimme hinter sich, jemand faßte seinen Arm. „Tut mir leid", sagte er und lächelte in das enttäuschte Gesicht. Verdammt hübsch, sagte er zu sich. Im Weitergehen nestelte er an seiner Krawatte. Dunkelglänzende Wagen sangen über den blanken Asphalt, Kaskaden wechselnden Lichts ergossen sich von den Fassaden, Zeitungsverkäufer riefen die Abendausgaben aus. Hinter einer großen, leicht beschlagenen Spiegelglasscheibe sah er undeutlich tanzende Paare; pulsierend drang die Musik abgedämpft bis auf die Straße. Ihm war wie nach Sekt. Ewig hätte er so gehen können, so wie jetzt. Er gehörte wieder dazu, er hatte den Schritt der vielen, es machte ihm keine Mühe mehr. Im Sog der Menge ging er über den großen Platz auf die große Halle zu mit ihren Ketten von Glühlampen und riesigen Transparenten. Um die Kassen vor dem Einlaß drängten sich Menschen. Von irgendwoher flutete Lautsprechermusik. Stand dort nicht das Mädchen von vorhin? Redluff stellte sich hinter sie in die Reihe. Sie wandte den Kopf, er spürte einen Hauch von Parfüm. Dicht hinter ihr zwängte er sich durch den Einlaß. Immer noch flutete die Musik, er hörte ein Gewirr von Hunderten von Stimmen. Ein paar Polizisten suchten etwas Ordnung in das Gedränge zu bringen. Ein Mann in einer Art von Portiersuniform nahm ihm seine Einlaßkarte ab. „Der, der!" rief er auf einmal und deutete aufgeregt hinter ihm her. Gesichter wandten sich, jemand im schwarzen Anzug kam auf ihn zu, ein blitzendes Ding in der Hand. Gleißendes Scheinwerferlicht übergoß ihn. Jemand drückte ihm einen Riesenblumenstrauß in die Hände. Zwei strahlend lächelnde Mädchen hakten ihn rechts und links unter, Fotoblitze zuckten. Und zu allem dröhnte eine geölte Stimme, die vor innerer Freudigkeit fast zu bersten schien: „Ich darf Ihnen im Namen der Direktion von ganzem Herzen gratulieren, Sie sind der hunderttausendste Besucher der Ausstellung!" Redluff sah wie betäubt. „Und jetzt sagen Sie uns Ihren werten Namen", schnalzte die Stimme unwiderstehlich weiter. „Redluff, Jens Redluff", sagte er, noch ehe er wußte, was er sagte, und schon hatten es die Lautsprecher dröhnend bis in den letzten Winkel der riesigen Halle getragen.

Der Kordon der Polizisten, der eben noch die applaudierende Menge zurückgehalten hatte, löste sich langsam auf. Sie kamen auf ihn zu.

Aufgabe 70

Überlegen Sie Möglichkeiten, den Text in Sequenzen zu gliedern (vgl. Abschnitt 1.5), und erläutern Sie dann anhand des ersten Textabschnitts (Z. 1–10) das Erzählerverhalten und die Perspektive (vgl. Abschnitt 3.2).

Aufgabe 71

Analysieren Sie die Anordnung der Sequenzen unter Beachtung der obigen Leitfragen.

Aufgabe 72

Erläutern Sie den Spannungsaufbau der zweiten Texthälfte (ab Z. 104).

Aufgabe 73

Untersuchen Sie die Leitmotive des Textes, besonders in den Abschnitten von Z. 32–80 und 172–209.

Aufgabe 74
Beschreiben Sie die auffälligen Stilmittel und ihre Funktion in den Z. 162–192.

4.5 Lösungsvorschläge zu den Arbeitsaufgaben

„Romeo und Julia auf dem Dorfe“: Im ersten Abschnitt verweist der Erzähler in einer Art Vorwort auf seine Quelle, einen „wirklichen Vorfall“ (Z. 2 f.), und die literarische Tradition, in der diese Geschichte steht. Der Leser weiß so, was ihn erwartet (verfeindete Elternhäuser/Tod des Liebespaares) und wie er das Geschehen zu verstehen hat, nämlich als Gestaltung zeitloser Menschenschicksale in „neuem Gewande“ (Z. 7 f.).

„Die neuen Leiden des jungen W.“: Das Resultat der Handlung wird an den Anfang gestellt. In dem einleitenden Zeitungsartikel und den beiden Todesanzeigen wird von dem Tod der Hauptfigur berichtet. Das Interesse des Lesers wird damit auf die Frage gelenkt, wie es zu diesem Todesfall kommt. Mit diesem Endergebnis vor Augen wird nun die ganze Geschichte unter dieser Fragestellung gelesen.

57 „Festbeleuchtung“: Zunächst überlegt der Erzähler, wie man anfangen könnte, nämlich mit dem Bericht von einer Hochzeitsfeier, die an einem Junitag des Jahres 1951 im Gasthof Zander stattfindet. 68 Zeilen lang geht der Erzähler auf diese Schlüsselszene ein und wirft dabei viele Fragen auf, von denen er keine beantwortet (Spannungserzeugung, vgl. Abschnitt 4.2). Dann verwirft er diese Möglichkeit, die Geschichte anzufangen, und beginnt damit, die geographischen, historischen und sozialen Umstände des Handlungsbeginns zu beschreiben: „Spitzbergen heißt ein Dorf am südlichen Ausläufer des Harzes“ (Z. 69 ff.).

„Das Parfum“: Die Situation, in der sich und aus der sich das Geschehen entwickelt, wird ausführlich aufgebaut. Der Leser wird bereits in den ersten Sätzen über den Schauplatz, die Zeitumstände und den Charakter der Hauptfigur, eine der „genialsten und abscheulichsten Gestalten“ (Z. 2 f.), informiert. Diese deutlichen Beschreibungen erleichtern es dem Leser, sich in die erzählte Welt hineinzufinden.

Am Ende der Geschichte „Kaiser Napoleon und die Obstfrau in Brienne“ haben die Figuren ihre Handlungen abgeschlossen. Das Geschehen ist zu dem vom Erzähler vorausgedeuteten und vom Leser erwarteten Resultat gekommen: Napoleon hat sich für das großzügige Verhalten der Obstfrau in angemessener Weise revanchiert. Der Text hat ein geschlossenes Ende.

Auch in Mrożeks „Schuld und Sühne“ haben die Figuren die Handlungen (den Erziehungsprozess) bis zum Ende durchgeführt bzw. durchlitten. Das Resultat, der Sprengstoffanschlag
58 auf das elterliche Haus, entspricht allerdings nicht den Erwartungen des Lesers; das Ende ist überraschend.

Die Kurzgeschichte „Wachsfiguren“ endet, bevor das Ergebnis der Handlungen sichtbar wird. Weder wird „Hase“ auf Dauer auf dem Podest stehen bleiben können, noch kann es ihm gelingen, das Atmen einzustellen. Dem Leser bleibt unbekannt, was weiterhin mit „Hase“ geschehen wird. Das Ende ist offen.

59 In den Z. 46–58 berichtet der Erzähler in einem kurzen Rückgriff von vergangenen Ereignissen (Bau der Einfahrt, Tod des Metzgers). Mit dem Satz „(…) und dies sollte ihm in den nächsten Tagen noch oft leid tun“ (Z. 25 f.) gibt er eine Vorausdeutung auf zukünftiges Geschehen. – Solche Vorwegnahmen des Erzählers können die Neugier des Lesers auf die weitere Entwicklung beträchtlich steigern und tragen zum inneren Zusammenhang des Textes bei.

60 Der Kellner weicht in seiner Erzählung mehrfach von der Reihenfolge der Ereignisse ab. Die ersten acht Zeilen geben eine Vorausdeutung auf das Ergebnis der Handlung. In den Zeilen 25–39 trägt der Erzähler in einer kleinen Rückblende nach, was sich vor Beginn der eigentlichen Handlung beim Dinner ereignet hat. Und ab Z. 75, nachdem von der Bitte des Jungen berichtet wurde, geht der Erzähler sofort dazu über, von den Untersuchungen zu sprechen, die dem Unfall in den nächsten Tagen und Wochen gefolgt sind.
Nur in den Zeilen 8–26, 40–77 und 108–115 werden die Vorgänge des Heiligen Abends vom Dienstschluss bis zum Unfall der Mutter in der richtigen Reihenfolge erzählt. – Das diskontinuierliche Erzählen dient hier dazu, den Leser an dem Erinnerungsvorgang des Kellners teilnehmen zu lassen. Der Stoff wird nicht distanziert der Reihe nach vorgetragen, sondern wird von Fragen, Zweifeln und Überlegungen unterbrochen.

61 Die „Geschichte des Marschalls von Bassompierre“ ist in eine Rahmenhandlung eingebettet, den „Unterhaltungen deutscher Ausgewanderten“. Dieser Rahmen handelt von einer Gruppe gebildeter Menschen, die auf der Flucht vor französischenTruppen sind. Um die politischen Konflikte innerhalb der Gruppe zu besänftigen und von dem Parteienstreit abzulenken, werden Geschichten erzählt. – Die „Geschichte des Marschalls von Bassompierre“ steht dabei in einem inneren Zusammenhang mit den anderen Geschichten dieser „Unterhaltungen“, sie wird von einem fiktiven Erzähler mit einer bestimmten Absicht erzählt und von den fiktiven Zuhörern kommentiert. Ohne die Rahmenerzählung zu kennen, bleibt das Verständnis der kleinen Novelle unvollständig.
In Hebels Kalendergeschichte „Kaiser Napoleon und die Obstfrau in Brienne“ bilden die ersten und die letzten Sätze einen kleinen Rahmen um das erzählte Geschehen. Zu Beginn werden die späteren Taten des Schülers Napoleon vorausgedeutet; und am Schluss wird daran erinnert, dass der „große Held“ einst dieselbe Schule besuchte wie nun der Sohn der Obstfrau. Der Text wirkt durch diese Verbindung von Anfang und Ende abgeschlossen.
Auch der „Monolog eines Kellners“ gewinnt dadurch an Geschlossenheit, dass der Ich-Erzähler am Anfang und am Ende das Geschehen kommentiert. Dabei weist er zu Beginn auf das Resultat der Handlung hin und weckt so beim Leser Neugier: „Ich weiß nicht, wie es hat geschehen können; (…)“ (Z. 1). Am Schluss gibt er hingegen eine zusammenfassende Bewertung des Geschehens, die den Leser beruhigt: „Offen gestanden, ganz so schlimm finde ich es nicht, (…)“ (Z. 115 ff.).

62 In Z. 18 f. wird mit dem Satz „(…) aber sie weiß das Wort nicht“ die Frage aufgeworfen, was nun mit dem Töpfchen und mit der Frau weiter passiert (Spannungserzeugung). Die Beantwortung dieser Frage wird für den Leser in dem Maße interessanter, wie die Ausbreitung des Breis beschrieben wird: Die Spannung steigt. In Z. 28 f. wird die Frage dann beantwortet („da steht es und hört auf zu kochen“), und die Spannung löst sich.

63 Spannung wird schon im ersten Abschnitt erzeugt. Denn hier stellt sich bereits die Frage, was mit dem Alten los ist („[…] bemerkte sie, daß der Alte gegenüber Licht angedreht hatte“ Z. 11 ff.). Durch die Darstellung seines merkwürdigen Verhaltens wird das Interesse des Lesers an der Beantwortung dieser Frage bzw. seine Spannung in den nächsten drei Abschnitten ständig gesteigert.

Mit dem Auftauchen der Polizei tritt die Frage nach dem weiteren Geschehen, dem Ausgang der Handlung, in den Vordergrund. Auch wird der Leser jetzt vermuten, dass der alte Mann verrückt ist, womit er sich die erste Spannungsfrage selbst beantwortet. Die Beantwortung der zweiten Spannungsfrage (Wie geht das aus?) wird durch die Schilderung von Details wie dem Aufbrechen der Tür, dem Schleichen der Polizisten usw. verzögert, was wiederum zur Spannungssteigerung beiträgt. Im letzten Abschnitt werden dann die Informationen gegeben, die der Leser braucht, um beide Fragen beantworten zu können. Die Spannung löst sich. – Allerdings merkt der Leser, dass er sich hinsichtlich des Alten getäuscht hat. Für ihn stellt sich nun die Frage nach der Situation und Verfassung der Frau, aus deren Blickwinkel er die Handlung verfolgt hat. Und so wirkt die Geschichte noch länger in ihm nach.

In Wohmanns Kurzgeschichte „Wachsfiguren" wird fünfmal gesagt, dass es der Hauptfigur für Lilia, ihr Kleid und die anderen leid, sogar „so leid" tut (Z. 12, Z. 17, Z. 50, Z. 57, Z. 62). Darin wird deutlich, in welchem Maß sich der Junge als Belastung und Schandfleck empfindet.
Auffällig oft wird auch die Bezeichnung „Hase" oder„Häschen" wiederholt, allein fünfmal in den ersten zwölf Zeilen. Die darin sichtbar werdende Entmenschlichung des Jungen ohne Namen wird durch weitere Tiermetaphern ergänzt: „Mäuschen mit den Fledermausohren" (Z. 61 f.) oder „Ohrflügel" (Z. 85).
Zusammen verdeutlichen die beiden Leitmotive den Gegensatz zwischen der mitleidigen, altruistischen Einstellung des behinderten Jungen und der unsensiblen Haltung der anderen Figuren, die ihn nicht als ihresgleichen akzeptieren.

64

In Aichingers „Fenster-Theater" fallen die häufigen Erwähnungen des Lichts und die Hinweise auf das Lächeln oder Lachen der Figuren auf. Es wird wiederholt gesagt, dass der alte Mann ebenso wie das Kind im Licht bzw. an erleuchteten Fenstern stehen (Z. 12 ff., Z. 85 f., Z. 102). Dadurch wird nicht nur der Zusammenhang zwischen den beiden betont, sondern sie werden auch von der allgemein herrschenden Dunkelheit (vgl. Z. 83 f.) und besonders von der Dunkelheit im Leben der Frau abgehoben, die in „ihr eigenes finsteres Fenster" sieht (Z. 97 f.). – Viermal wird man auf das Lächeln oder das Lachen des Mannes hingewiesen; und am Ende erfährt man, dass das Kind ebenfalls lacht und sein Lachen über die Straße wirft (Z. 107 ff.). Dem Leser wird auch durch die Leitmotive signalisiert, welche Figuren zusammengehören und welche Verhaltensweisen positiv zu bewerten sind.

In der Erzählung „Festbeleuchtung" präsentiert sich der Erzähler als die Figur, durch die der Leser von dem Geschehen erfährt. Er stellt dem Leser verschiedene Möglichkeiten vor, mit welchem Ereignis und in welcher Erzählweise er seine Geschichte anfangen könnte: „Wir könnten jetzt lang und breit (…) die Braut bewundern (…)" (Z. 8 f.) oder „wir könnten um Auskunft bitten über Befinden und Herkunft" (Z. 16 f.) oder „wir beschrieben das saure Gesicht der Brautmutter" (Z. 25 f.). Deutlich wird dabei, dass der Erzähler an jedem beliebigen Punkt des Geschehens einsetzen kann und jede „x-beliebige" (Z. 15 f.) Figur
65 herausgreifen kann. Er kann mit Rückblenden „Kurs auf die Vorgeschichte" (Z. 23 f.) nehmen oder auch auf weitere Entwicklungen vorausdeuten. Es handelt sich also um ein auktoriales Erzählerverhalten.

Zu Beginn dieser Erzählung wird der Leser durch die konsequente Verwendung der Pronomen „wir" bzw. „uns" in die Überlegungen des Erzählers einbezogen (z. B. „Wir könnten den Gasthof Zander beschreiben." [Z. 13 f.]). Zudem erwecken die Konjunktivformen den Anschein, als würde man den Erzähler beim Verfertigen seiner Geschichte beobachten: „Hätten wir so getan, müßten wir uns jetzt (...)" (Z. 39) oder „Auch anderes müßte man jetzt klären. Zum Beispiel: Rainer, wer ist denn das?" (Z. 57 f.). – Auch die umgangssprachlichen Wendungen und Sentenzen (z. B. „lang und breit", Z. 8 oder „[...] so tun, als wäre alles beim alten", Z. 19 f.) sollen die Distanz zwischen Erzähler und Leser verringern.

In der „Reitergeschichte" gibt sich der Erzähler als sachlicher Chronist, der Leser gewinnt hier den Eindruck einer objektiven Berichterstattung. Hierzu tragen vor allem die genauen Zeit-
66 und Zahlenangaben (vgl. Z. 1, Z. 4, Z. 27 usw.) und die präzisen Fachbegriffe bei (z. B. „Streifkommando", „zweite Eskadron", „Avantgarde"). Unterstützt wird dieser Eindruck noch durch einen Satzbau, der die Fakten kommentarlos aneinander reiht.

Plenzdorfs Erzählung zeigt am Anfang eine neutrale Erzählsituation. Die drei Zeitungsausschnitte und der Dialog zwischen den Eltern der Hauptfigur werden ohne jegliche erzählerische Vermittlung wiedergegeben. Wie in einem Theaterstück ist der Leser in der Rolle des unmittelbaren Zeugen.
In dem Abschnitt von Zeile 70 bis 88 hat sich die Erzählsituation verändert: Edgar erzählt in der Ich-Form von seinem Leben. Da sich der Erzähler Edgar (erzählendes Ich) als Toter im Jenseits befindet, hat er einen hinreichenden zeitlichen und geistigen Abstand zu dem Geschehen, um die Erlebnisse der Figur Edgar (erlebendes Ich) in auktorialer Weise kom-
67 mentieren zu können: „Ich finde, das war eine gute Zeit für mein Alter (...)" (Z. 78 f.). – Ab Z. 89 ist die Erzählsituation wieder neutral.
In dem Abschnitt von Z. 70–88 liegt die Stilebene unterhalb der Normalsprache. Viele Formulierungen entstammen der Umgangssprache (etwas mit Mädchen haben, sie rumkriegen, sich abrackern ...). Es wird deutlich, dass es sich um einen spontan gesprochenen Text in einer legeren Redesituation handelt. Außerdem enthält der Text Elemente der Jugendsprache (der DDR um 1970), z. B. die Anrede „Leute", was ebenfalls die sprechende Figur charakterisiert. – Die verschiedenen Stilebenen erleichtern es dem Leser, die einzelnen Textpassagen den unterschiedlichen Sprechern (Zeitung, Eltern, Edgar) zuzuordnen.

Der Erzähler äußert sich hier bildhaft zu den überlieferten literarischen Motiven – er bezeichnet sie als „Fabeln" –, die seiner Geschichte zugrunde liegen. Gemeint sind vor allem das Motiv der Liebe zwischen Angehörigen tödlich verfeindeter Familien und das Motiv des gemeinsamen Selbstmords eines Liebespaars. Über diese „Fabeln" wird in drei Metaphern ge-
68 sagt, dass sie „tief im Menschenleben" wurzeln, immer wieder „in neuem Gewande" auftreten und dass auf ihnen „die großen alten Werke gebaut sind". Hiermit wird anschaulich und nachdrücklich auf die existenziellen und zeitlosen Elemente der folgenden Geschichte hingewiesen. Die Rolle des Autors wird in bescheidener Weise mit einer Synekdoche abgewertet, er fungiert als „Hand", die von den Ereignissen zum Schreiben gezwungen wird.

Süskind reiht im zweiten Abschnitt eine große Zahl parallel gebauter Sätze aneinander, in denen die verschiedenen Erscheinungsformen des Gestanks aufgezählt werden: „Es stanken die Straßen (...), es stanken die Hinterhöfe (...)" (Z. 21 ff.). Ab Z. 42 werden diese Häufungen nach dem Prinzip des Gegensatzes (Antithese) geordnet („Der Bauer [...] wie der
69 Priester"). Durch diese übersichtlichen Satzstrukturen und die Wiederholung von Wörtern (z. T. als Anaphern) ist der Text mühelos zu lesen.
Zudem wirkt die große Zahl konkreter Substantive und charakterisierender Adjektive sehr anschaulich. Einen hohen Unterhaltungswert versprechen auch die drastischen und umgangssprachlichen Formulierungen in diesem und im nächsten Abschnitt: „(...) wie ein

Raubtier stank er (Vergleich), und die Königin wie eine alte Ziege (...)" (Z. 45 ff.) oder „(...) Tag für Tag (Wortwiederholung) die Kadaver zu Dutzenden herbeigekarrt (...)" (Z. 65 f.).

70 Zwar muss die erzählte Zeit insgesamt etwas länger sein als die Erzählzeit (Lesezeit), es sind aber weder Zeitsprünge noch deutliche Wechsel zwischen zeitdeckendem und zeitraffendem Erzählen zu erkennen. Auch die Erzählweise wechselt nicht. Die durchgehende szenische Darstellung lässt sich aber im Hinblick auf den Wechsel der Schauplätze in vier Einzelszenen gliedern, nämlich die erste Straßenszene (bis Z. 80), die Szene in der Kneipe (Z. 81–169), die zweite Straßenszene (Z. 169–201) und die Szene in der Halle (ab Z. 203).
Im ersten Textabschnitt werden wie im gesamten Text die Ereignisse aus der Perspektive Redluffs erzählt. Der Leser erfährt das Geschehen so, wie es die Perspektivefigur erlebt: „Redluff sah (...). Er fühlte sich (...) angefaßt. (...) er merkte, daß (...)." Nur von der Figur Redluff werden die inneren Vorgänge mitgeteilt. Dieses personale Erzählerverhalten führt dazu, dass der Leser Redluffs Ängste und Hoffnungen unmittelbar miterlebt.

71 Die Kurzgeschichte beginnt effektvoll mit einem „dramatischen Auftakt", dem Beinahe-Unfall. Erst danach werden im zweiten Abschnitt die notwendigen Informationen zu dem Handlungszusammenhang gegeben. Diese Abfolge (dramatischer Auftakt, dann Einführung in die Zusammenhänge) ist aus vielen Theaterstücken bekannt und soll die Zuschauer sofort in das Geschehen einbeziehen. – Der Schluss ist überraschend, die Erwartungen des Lesers werden vorher in eine andere Richtung gelenkt.
Das Geschehen ist ganz kontinuierlich angeordnet. Die unverzichtbaren Informationen über die Vorgeschichte werden nicht als Rückgriffe des Erzählers, sondern als Erinnerungen Redluffs in erlebter Rede eingebracht (Z. 19–27 und 61–71). Entsprechend finden sich keine Vorausdeutungen des Erzählers, nur die Perspektivefigur blickt einmal in ihre ungewisse Zukunft (Z. 25 ff.).
Es gibt nur einen Handlungsstrang ohne Rahmen oder Nebenhandlung, aber die einzelnen Sequenzen sind spiegelbildlich angeordnet. Ab Z. 172 wiederholen sich nämlich die Handlungsschritte des ersten Teils, wobei sie einen deutlichen Kontrast bilden (erster und zweiter Gang durch die Stadt, gelungene und misslungene Probe).

72 Die für die Hauptfigur wie für den Leser entscheidende Frage lautet: Gelingt es Redluff, sich unerkannt unter den Menschen aufzuhalten, oder wird er als gesuchter Verbrecher identifiziert? Dieses Problem erkennt der Leser, wenn Redluffs Gedanken in den Z. 19 ff. und 61 ff. wiedergegeben werden.
In dem Abschnitt ab Z. 104 nähert sich die äußere Handlung schrittweise dem Höhepunkt, nämlich der Passkontrolle. Von diesem Ereignis erwartet der Leser die Beantwortung der Spannungsfrage, ob Redluff seine Identität verbergen kann. Aus der Sicht der Perspektivefigur werden Beobachtungen aneinander gereiht, die immer deutlicher auf das bevorstehende Ereignis hinweisen: die Kopfdrehung, das Geräusch der Wagentür, zwei Männer, lange Ledermäntel, die Hüte, „etwas Blinkendes in der Hand". Parallel dazu und im Wechsel mit der Darstellung der äußeren Handlung wird geschildert, wie sich Redluffs Angst steigert: „(...) es durchfuhr ihn" (Z. 112), „Redluff klammerte sich mit der einen Hand an die Tischkante" (Z. 122 f.) und „Ihm war, als müßte er auf dem sich neigenden Boden (...) rutschen (Z. 126 ff.). Der Leser wird so zunehmend in einen Spannungszustand versetzt.
Dieser Spannungsanstieg wirkt auch deshalb besonders steil, weil in dem vorhergehenden Abschnitt (Z. 93–103) Entspannung signalisiert wird: „Er steckte sich eine Zigarette an, (...), er streckte seine Füße lang aus (...). Gut saß es sich hier."
In dem Abschnitt nach Z. 135 wird dann nach weiteren kleinen Verzögerungen (z. B. durch

den Hinweis auf die „Falten auf der gerunzelten Stirn“ des Beamten) die zentrale Frage, ob Redluff erkannt wird, beantwortet. Die Spannung löst sich auf in der leicht gerafften Schilderung, wie Redluff seinen Triumph auskostet.
Im Gegensatz zu der Passszene erfolgt der nächste Spannungsanstieg ganz unvorbereitet in Z. 209 ff.: „Der, der! rief er auf einmal und deutete aufgeregt hinter ihm her.“ Die Frage, ob Redluff nun entdeckt sei, wird aber schon kurz darauf in beruhigender Weise beantwortet, er erhält nur einen „Riesenblumenstrauß“.
Nachdem sich jetzt zum zweiten Mal die Furcht vor Entdeckung als unbegründet erwiesen hat, kommt der Schluss, die versehentliche Preisgabe der eigenen Identität, völlig unerwartet. Trotzdem ist das Geschehen psychologisch plausibel. Mittels des Spannungsaufbaus sind die Erwartungen des Lesers in eine falsche Richtung gelenkt worden; die Gefahr droht Redluff nicht von den anderen. Die Überraschung ist geglückt.

Als Leitmotiv fällt das in eine vielfältige Wassermetaphorik eingebundene Bild des „Menschenstroms“ auf, in dem Redluff zunächst vergebens, dann aber erfolgreich mitzuschwimmen versucht: „Einem Platzregen von Gesichtern war er ausgesetzt“ (Z. 36 ff.), „wie ein Kork auf dem Wasser tanzte“ er (Z. 59 f.), „der Menschenstrom wurde dünner“ (Z. 73), im „Sog der Menge ging er“ (Z. 194) usw. Diese leitmotivisch verwendeten Bilder weisen den Leser immer wieder auf das Problem der Hauptfigur hin, das „Untertauchen“ in der Menge.

73

Um Redluffs Stimmungsumschwung zu verdeutlichen, werden nach der bestandenen Probe in der Kneipe viele Motive aus der Schilderung seines ersten Gangs durch die Stadt wieder aufgegriffen. Nun erhalten sie aber eine gegensätzliche, positive Bedeutung, wie z. B. die Reklamelichter (Z. 38 f. bzw. Z. 184 f.), die Autos (Z. 32 f. bzw. 183 f.) oder die Begegnung mit einer Frau (Z. 44 ff. bzw. Z. 177 ff.). – Das Wassermotiv verklammert aber nicht nur verschiedene Teile der Handlung, sondern verweist auch auf den Ort, eine Hafenstadt (vgl. Z. 78 f.), und auf die Handlung selbst, die Suche nach einem Schiff (vgl. Z. 25 f.).

Ab Z. 162 wird der Wandel in Redluffs seelischer Verfassung gezeigt. In zwei gleichbedeutenden, anschaulichen Metaphern wird gezeigt, wie sich die Anspannung löst: „Die Spannung in ihm zerbröckelte, die eisige Ruhe schmolz.“ Die zentrale Aussage – „Das war es, das war die Probe, und er hatte sie bestanden“ – wird durch die Anapher und den parallelen Satzbau hervorgehoben. Die auf die Musikbox bezogene metaphorische Bezeichnung „triumphierend“ (Z. 166) spiegelt Redluffs Gefühle. Dem Leser wird signalisiert, dass er nun mit seiner Umgebung in innerem Einklang steht.
Ab Z. 172 wird von den positiven Sinneseindrücken erzählt, die auf Redluff einströmen. Da-
74 mit der Leser unmittelbar an ihnen teilnehmen kann, werden sie unverbunden in einfachen Aussagesätzen aneinander gereiht, die z.T. in Dreiergruppen angeordnet sind und die gleiche Abfolge von Satzgliedern aufweisen (Parallelismus, vgl. Z 183–186 und 192 ff.). Die Wortfiguren zeigen einerseits die euphorische Stimmung der Perspektivefigur, vor allem der Vergleich in Zeile 190 f. („Ihm war wie nach Sekt“) oder die Metaphern in den Zeilen 183 ff.: „Dunkelglänzende Wagen sangen (…), Kaskaden wechselnden Lichts ergossen sich von den Fassaden (…).“ Andererseits verdeutlichen die Metaphern die Gemeinsamkeit der Menschen, an der nun auch Redluff teilhat. Er ist mitten in einem „Knäuel Menschen“ (Z. 175 f.) und geht im „Sog der Menge“ (Z. 194).

Kapitel 5

Klausur

5.1 Das Analyseverfahren

Wenn ein Autor einen erzählenden Text konzipiert und verfasst, muss er eine Reihe von Entscheidungen treffen. Ausgehend von seiner Intention, d.h. der dem ganzen Projekt zugrunde liegenden Absicht, wählt er einen konkreten Stoff, also Figuren, die an bestimmten Orten zu bestimmten Zeiten in Handlungen verwickelt sind. Das Geschehen wird in Episoden eingeteilt, die von einem fiktiven Erzähler in unterschiedlicher Ausführlichkeit dargeboten und eventuell auch mit Kommentaren versehen werden. Diese einzelnen Teile werden in eine Reihenfolge gebracht, miteinander verknüpft und in einem bestimmten Stil sprachlich realisiert.

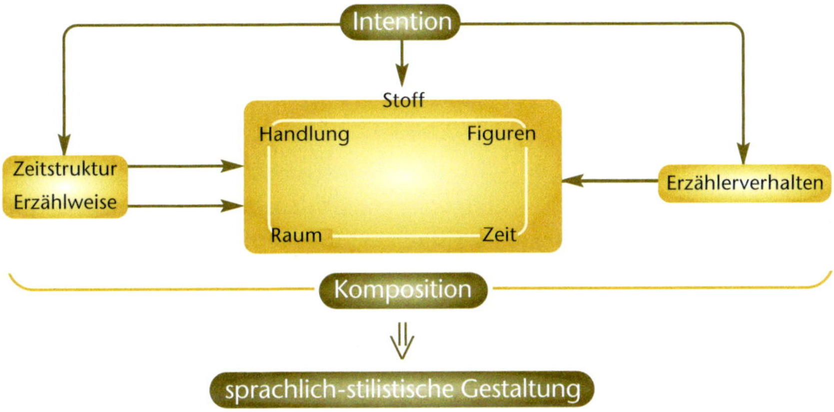

All diese Überlegungen laufen aber nicht getrennt, denn die einzelnen Entscheidungsbereiche sind eng miteinander verknüpft. Entscheidungen in einem Bereich haben unmittelbare Auswirkungen auf andere Bereiche, z.B. kann die Einführung einer auktorialen Erzählfigur die Ausweitung der inneren Handlung auf mehrere Figuren ermöglichen. – Es spielt dabei auch keine Rolle, ob die Entscheidungen ein Ergebnis planvoller Überlegung sind oder ob sie sich intuitiv beim Schreiben ergeben. In jedem Fall verwirklicht sich die Intention des Autors in den einzelnen Elementen des Texts.

Für den Leser bedeutet das, dass er auf dem umgekehrten Weg zum Verständnis der Intention vordringen kann. Wenn er die einzelnen Elemente, ihre Funktion und ihr Zusammenspiel erfasst, erschließt sich der in dem

Text enthaltene Sinn. Der Weg zur Intention führt über das Verständnis der Textelemente.

Bei Texten, die in der Sekundarstufe II gelesen werden, ist der Sinngehalt in der Regel nicht offensichtlich formuliert und einfach ablesbar. Oft sind Textaussagen verschlüsselt oder mehrdeutig. Das Textverständnis ist dann das Ergebnis eines längeren Analyseprozesses. Für den Verfasser einer Textanalyse bedeutet dies, dass er nacheinander zwei Arbeitsgänge durchführen muss:

- **1.** die **Vorarbeiten,**
  d.h. die sachgerechte Analyse des Textes, und
- **2.** die **Niederschrift,**
  d.h. die schriftliche Niederlegung der Analyseergebnisse in einer folgerichtigen und plausiblen Argumentation.

Es gibt grundsätzlich zwei Verfahren, einen literarischen Text zu analysieren,

- das **lineare Verfahren**,
  bei dem der Text in der vorgegebenen Reihenfolge schrittweise vom Anfang bis zum Ende untersucht wird,
- das **aspektorientierte Verfahren,**
  bei dem nacheinander einzelne Gesichtspunkte untersucht werden.

Das aspektorientierte Verfahren macht es erforderlich, dass man vor Beginn der Niederschrift die einzelnen Gesichtspunkte, die man untersuchen will, in eine sinnvolle Reihenfolge bringt. Dann wird jeder Aspekt unter Berücksichtigung des gesamten Textes behandelt. Bevor man zu schreiben beginnt, muss daher ein volles Textverständnis gegeben sein. – Dieses Verfahren wird öfters durch die Aufgabenstellung in Klausuren nahe gelegt (z.B. „Analysieren Sie den Text unter besonderer Berücksichtigung von …“). Dabei werden die Untersuchungsaspekte und die Gliederung weitgehend vorgegeben.
In den meisten Fällen, wenn die Aufgabe nur lautet „Analysieren Sie den Text“, wird es für denjenigen, der diese Abiturhilfe durchgearbeitet hat, günstiger sein, das lineare Verfahren zu wählen, weil es sich am Aufbau des jeweils vorliegenden Textes orientiert.
Allerdings besteht bei diesem Verfahren die Gefahr, dass der Analyse der „rote“ Faden fehlt und übergreifende Aspekte wie das Erzählerverhal-

ten oder sogar die Textaussage aus dem Blick geraten. Um dieser Gefahr zu entgehen, ist es ratsam,

- bereits vor Beginn ein vorläufiges Textverständnis zu formulieren,
- am Ende eine zusammenfassende Deutung zu geben,
- vor der Analyse der einzelnen Sequenzen die übergreifenden Textmerkmale zu beschreiben,
- die Textsequenzen nicht zu klein zu wählen.

Im Folgenden werden Vorschläge zur Durchführung einer linearen Textanalyse unterbreitet, wie sie sich in vielen Fällen bewährt haben.

5. 2. Von den Vorarbeiten zur Niederschrift

Man sollte die Vorarbeiten gleich so anlegen, dass sie direkt in die Niederschrift einmünden.

Vorarbeiten		Niederschrift
• Erstes Lesen (Vorwissen/Vorverständnis)	→	A Einleitung
• Durcharbeiten		B Hauptteil
1. Durchgang (Gliederung)	→	B.1 Überblick
2. Durchgang (Erzähler/Komposition)	↗	B.1 Überblick
3. Durchgang (Stoff)	→	B.2 Analyse der Sequenzen
• Notizen zur Wirkung	→	C Schluss

Erstes Lesen

Nachdem Sie den Klausurtext zum ersten Mal gelesen haben, haben Sie ein vorläufiges Verständnis gewonnen. Für den normalen Leser, der einen erzählenden Text nur einmal liest – und für den ist der Text eigent-

lich gedacht – ist dieses Vorverständnis das einzige und engültige. Insofern ist Ihr Vorverständnis wichtig, es zeigt Wirkungsmöglichkeiten des Textes.
Halten Sie Ihre Eindrücke in Stichworten fest: Wovon handelt der Text? Was ist seine Aussage? Was scheint Ihnen am wichtigsten zu sein? Was empfinden Sie als auffällig?
Bei schwierigen Texten können Sie auch Fragen formulieren: Was scheint Ihnen unklar oder widersprüchlich?
Notieren Sie dann in Stichworten, was Sie gegebenenfalls über den Autor, die Entstehungszeit und die Textsorte wissen.

Text 30:

Kurt Marti: Neapel sehen (1960)

In: K.M.: Dorfgeschichten. S. Mohn Verlag, Gütersloh 1960.

Er hatte eine Bretterwand gebaut. Die Bretterwand entfernte die Fabrik aus seinem häuslichen Blickkreis. Er haßte die Fabrik. Er haßte seine Arbeit in der Fabrik. Er haßte die Maschine, an der er arbeitete. Er haßte das Tempo der Maschine, das er selber beschleunigte. Er haßte die Hetze nach Akkordprämien, durch welche er es zu einigem Wohlstand, zu Haus und Gärtchen gebracht hatte. Er haßte seine Frau, so oft sie ihm sagte, heut nacht hast du wieder gezuckt. Er haßte sie, bis sie es nicht mehr erwähnte. Aber die Hände zuckten weiter im Schlaf, zuckten im schnellen Stakkato der Arbeit. Er haßte den Arzt, der ihm sagte, Sie müssen sich schonen, Akkord ist nichts mehr für dich. Er haßte den Meister, der ihm sagte, ich gebe dir eine andere Arbeit. Akkord ist nichts mehr für dich. Er haßte so viele verlogene Rücksicht, er wollte kein Greis sein, er wollte keinen kleineren Zahltag, denn immer war das die Hinterseite von so viel Rücksicht, ein kleiner Zahltag. Dann wurde er krank, nach vierzig Jahren Arbeit und Haß zum ersten Mal krank. Er lag im Bett und blickte zum Fenster hinaus. Er sah sein Gärtchen. Er sah den Abschluß des Gärtchens, die Bretterwand. Weiter sah er nicht. Die Fabrik sah er nicht, nur den Frühling im Gärtchen und seine Wand aus gebeizten Brettern. Bald kannst du wieder hinaus, sagte die Frau, es steht alles in Blust. Er glaubte ihr nicht. Geduld, nur Geduld, sagte der Arzt, das kommt schon wieder. Er glaubte ihm nicht. Es ist ein Elend, sagte er nach drei Wochen zu seiner Frau, ich sehe immer das Gärtchen, sonst nichts, nur das Gärtchen, das ist mir zu langweilig, immer dasselbe Gärtchen, nehmt doch einmal zwei Bretter aus der verdammten Wand, damit ich was anderes sehe. Die Frau erschrak. Sie lief zum Nachbarn. Der Nachbar kam und löste zwei Bretter aus der Wand. Der Kranke sah durch die Lücke hindurch, sah einen Teil der Fabrik. Nach einer Woche beklagte er sich, ich sehe immer das gleiche Stück der Fabrik, das lenkt mich zu wenig ab. Der Nachbar kam und legte die Bretterwand zur Hälfte nieder. Zärtlich ruhte der Blick des Kranken auf seiner Fabrik, verfolgte das Spiel des Rauches über dem Schlot, das Ein und Aus der Autos im Hof, das Ein des Menschenstromes am Morgen, das Aus am Abend. Nach vierzehn Tagen befahl er, die stehengebliebene Hälfte der Wand zu entfernen. Ich sehe unsere Büros nie und auch die Kantine nicht, beklagte er sich. Der Nachbar kam und tat, wie er wünschte. Als er die Büros sah, die Kantine und so das gesamte Fabrikareal, entspannte ein Lächeln die Züge des Kranken. Er starb nach einigen Tagen.

Aufgabe 75
Lesen Sie den Text von Kurt Marti einmal durch, und machen Sie sich Notizen zu Ihrem Vorverständnis und gegebenenfalls zu Ihrem Vorwissen und zu offenen Fragen. ▣

Aus diesen Notizen können Sie später die Einleitung schreiben. Und am Schluss Ihrer Arbeit können Sie kurz darauf eingehen, ob bzw. wie sich Ihr Vorverständnis geändert hat und ob Sie auf Ihre Fragen eine Antwort gefunden haben. So macht Ihre Niederschrift einen geschlossenen Eindruck. Wenn Sie am Anfang Ihre vorläufige und am Ende Ihre zusammenfassende Deutung formulieren, entgehen Sie der Gefahr, dass der Text in Einzelbeobachtungen zerfällt.

Durcharbeiten

Die eigentliche Analyse des Textes erfordert intensives und wiederholtes Lesen. Es ist nicht ratsam, sofort mit der Niederschrift anzufangen. Stattdessen sollte man den Text unter verschiedenen Aspekten durcharbeiten, die Ergebnisse in Textmarkierungen festhalten und in wenigen Stichworten am Rand oder auf Konzeptpapier notieren. Besonders die Markierungen (Unterstreichungen, farbige Hervorhebungen, Einrahmungen usw.) sind für eine Analyse unverzichtbar, weil sie den Text übersichtlich machen. Bei der Niederschrift haben Sie dann (z. B. beim Zitieren) einen schnellen Zugriff auf den Text. Eine Voraussetzung ist allerdings, dass Sie sparsam markieren und sich ein gleich bleibendes System von Zeichen und Farben zurechtlegen.

Wenn die Aufgabenstellung keine andere Reihenfolge vorgibt, empfiehlt es sich, beim Durcharbeiten in folgenden Schritten vorzugehen:

1. Durchgang:
- Markieren Sie die Zeitstruktur am Textrand.
- Markieren Sie Ortswechsel und Veränderungen in der Figurenkonstellation.
- Bilden Sie (auf dieser Basis) Sequenzen, nummerieren Sie sie, und bilden Sie eventuell Zwischenüberschriften.

Aufgabe 76
Arbeiten Sie Text 30 in dieser Weise durch. Beachten Sie hierzu die in Abschnitt 1.4 angegebenen Arbeitsschritte. ▣

Nachdem Sie den Text in seine Sequenzen gegliedert haben, sollten Sie noch einmal den Gesamttext durchgehen.

2. Durchgang:
- Bestimmen Sie das Erzählerverhalten (Ich/Er? Standort? Standpunkt?).
- Fragen Sie nach dem Aufbauprinzip (kontinuierlich? Anfang und Schluss? Spannung? Leitmotive? Titel?).

Aufgabe 77

Bearbeiten Sie Text 30 noch einmal unter diesen Aspekten und notieren Sie sich entsprechende Stichwörter. Beachten Sie hierzu die Leitfragen in den Abschnitten 3.5 und 4.4.

Wenn Sie unter großem Zeitdruck stehen, können Sie nach diesem zweiten Durchgang mit der Niederschrift beginnen. Das Durcharbeiten der einzelnen Sequenzen und die zusammenfassenden Überlegungen zur Wirkungsabsicht können Sie dann nachholen, wenn Sie beim Schreiben an den einzelnen Stellen angekommen sind (Hauptteil 2 bzw. Schluss). Günstiger ist es aber, wenn Sie Zeit für einen dritten Durchgang haben.

3. Durchgang:
- Untersuchen Sie in den einzelnen Sequenzen die Aspekte, die nach Ihrem jetzigen Textverständnis ergiebig erscheinen. Gewöhnlich wird es sich dabei um die Merkmale, das Verhalten und die Beziehungen der Figuren handeln.
- Prüfen Sie, ob die dargestellten Räume und Zeitpunkte für das Geschehen von Bedeutung sind.

Aufgabe 78

Welche Aspekte sind für die Untersuchung der ersten und zweiten Sequenz von „Neapel sehen“ ergiebig? – Gehen Sie den Text noch einmal unter diesen Gesichtspunkten durch und halten Sie die Ergebnisse in Stichworten fest.

Nachdem Sie nun den Text gut kennen und bevor Sie mit dem Schreiben beginnen, sollten Sie noch einmal nach der Aussageabsicht und nach der Textwirkung fragen. Überlegen Sie, ob bestimmte gesellschaftliche oder historische Zusammenhänge ausgesprochen werden, ob menschliche Grunderfahrungen gestaltet werden und wie das den Leser beeinflussen könnte.

Niederschrift

Nachdem Sie den Text mehrmals unter verschiedenen Aspekten durchgearbeitet haben, haben Sie nun in Form Ihrer Textmarkierungen und Stichworte eine gute Grundlage, um die Analyse zu verfassen. Diese sollte eine Einleitung, einen Hauptteil und einen Schluss umfassen.

A Einleitung:
- Grundinformation/eventuell Vorwissen
- Vorverständnis/eventuell offene Fragen

Die Einleitung können Sie anhand der Notizen, die Sie nach dem ersten Lesen gemacht haben, formulieren. Sie muss die grundlegenden Informationen zu dem Text enthalten, also Angaben zu Autor, Titel, Entstehungszeit, Thema. Denn eine Textanalyse wird grundsätzlich so verfasst, als ob sie sich an einen Leser richtet, der zwar im Allgemeinen sachkundig ist, aber über diesen speziellen Text nicht informiert ist. – In der Einleitung sollten Sie auch Ihr vorläufiges Textverständnis formulieren und gegebenenfalls auf Unklarheiten hinweisen.

B Hauptteil:

1. Überblick
- gegebenenfalls Handlungszusammenhang
- Sequenzen (Erzählweise und Hauptinhalt)
- Erzählerverhalten

2. Analyse und Deutung der Sequenzen
a) erste Sequenz
b) …
c) letzte Sequenz

Beim linearen Analyseverfahren ist es ratsam, vorab einen Überblick über das Textganze zu geben. Diesen Teil können Sie mithilfe der Notizen, die Sie sich nach dem ersten und zweiten Durcharbeiten gemacht haben, formulieren. Erläutern Sie hier das vorherrschende Erzählerverhalten. Beschreiben Sie, in welche Sequenzen sich der Text gliedert (Zeilenangaben nicht vergessen), und nennen Sie auch die Kriterien, nach denen Ihre Gliederung erfolgt. Geben Sie für jede Sequenz die Erzählweise und den Hauptinhalt an. Handelt es sich bei der Textvorlage um einen Ausschnitt aus einem längeren Werk, müssen Sie auch auf den

Handlungszusammenhang eingehen. Beschränken Sie sich dabei auf die zum Verständnis der Textstelle nötigen Informationen.
Die Analyse und Deutung der einzelnen Sequenzen bildet den Schwerpunkt der Niederschrift. Hierbei greifen Sie entweder auf die Ergebnisse des dritten Durcharbeitens zurück, oder Sie holen den dritten Durchgang jetzt zunächst für die erste Sequenz, dann für die weiteren nach. – Sequenz für Sequenz beschreiben und deuten Sie die einzelnen Textelemente (Handlungsentwicklung, Merkmale der Figuren, stilistische Besonderheiten usw.). Wenn Ihre Ausführungen genau der Textgliederung folgen, wie Sie sie selbst im Überblick entworfen haben, ist Ihre Darstellung klar und sachlogisch gegliedert.

C Schluss:
- Zusammenfassung der Ergebnisse
- Vergleich mit Vorverständnis
- abschließendes Textverständnis
- eventuell Wertung

Das lineare Verfahren der Textanalyse macht es erforderlich, am Schluss noch einmal den Blick auf das Textganze zu richten, indem Sie z. B. auf den Titel, das Aufbauprinzip oder das Verhältnis von Anfang und Schluss hinweisen. Sehr sinnvoll ist es, auf das in der Einleitung formulierte vorläufige Textverständnis zurückzugreifen und zu erläutern, ob und wie es sich erweitert oder verändert hat. Abschließend sollten Sie sich in jedem Fall zu Aussage und Wirkung des Textes äußern. Hierbei können Sie sich an den Notizen zu den Sinnfragen orientieren.

Aufgabe 79
Verfassen Sie auf der Grundlage Ihrer Vorarbeiten eine schriftliche Analyse von „Neapel sehen" (Text 30).

5.3. Die richtige Darstellung

Sie sollten die Darstellung so anlegen, dass Ihr Verstehensprozess gut nachvollzogen werden kann. Die Aussagen müssen klar und eindeutig sein; und es muss dem Leser möglich sein, Ihre Ergebnisse nachzuprüfen. Deshalb ist es erforderlich, übersichtlich zu schreiben, Beschreibungen und Deutungen miteinander zu verknüpfen und eine sachgerechte Beschreibungssprache zu verwenden.

Übersichtlichkeit

Ein klarer Aufbau und eine folgerichtige und transparente Gedankenführung gelten als Qualitätsmerkmal von Klausuren. Helfen Sie dem Leser, den Aufbau Ihrer Arbeit zu durchschauen und den „roten Faden“ zu erkennen. Benutzen Sie dabei zwei wichtige Hilfsmittel:

- Gliedern Sie Ihren Analysetext in große Abschnitte (Einleitung – Überblick – Analyse der 1. Sequenz – usw. – Schluss). Machen Sie innerhalb dieser Abschnitte deutliche Absätze, wenn Sie zu einem anderen Aspekt übergehen. So signalisieren Sie dem Leser, dass ein neuer Gedankengang beginnt.

- Informieren Sie den Leser über Ihr Vorgehen, damit er Ihnen besser folgen kann. Besonders neue Abschnitte sollten Sie mit entsprechenden Hinweisen einleiten, z. B. „Ich gehe nun auf … ein“, „Ein weiterer Aspekt ist …“, „Abschließend möchte ich …“ usw.

Verbindung von Beschreibung und Deutung

Ein wichtiger Grundsatz für Textanalysen ist, dass beschreibende und deutende Sätze aufeinander bezogen sein müssen. Das heißt einerseits, dass die Deutung von Textmerkmalen kein Selbstzweck ist, sondern dazu dient, den Sinn des Textes zu erschließen. Eine exakte Beschreibung von Textmerkmalen, z. B. der räumlichen Gegebenheiten in der Parabel „Vor dem Gesetz“ oder der Leitmotive in der Kurzgeschichte „Die Probe“, ist daher nur sinnvoll, wenn sie zur Deutung der Textaussage und -wirkung genutzt wird (vgl. hierzu die Lösungsvorschläge 34 und 73).

Andererseits müssen Deutungen begründet werden. Sie sollten aus der Beschreibung der Textelemente hergeleitet werden. Hierbei haben Zitate eine wichtige Funktion. Vermeiden Sie Spekulationen ohne Textbezug.

Auf wertende Stellungnahmen zu dem Text bzw. zu den dargestellten Problemen sollte man in der Analyse ganz verzichten. Sie können im Schlussteil ihren Platz finden. Bedenken Sie, dass auch Wertungen begründet werden müssen.

Verknüpfung von Beschreibung und Deutung (Analyse zu Text 14)

Beschreibung: Die anderen Figuren reden in der 3. Person mit bzw. über „Hase“, so z. B. der Onkel:

Zitat „Was macht er für'n böses Gesicht, wenn er mitgehen darf, he?“ (Z. 30 f.)

Deutung: Dies zeigt, dass „Hase“ nicht als Gesprächspartner akzeptiert wird, sondern eher wie ein Gegenstand behandelt wird.

Beschreibung: Das Kind wird auch mit seinem Spitznamen nicht direkt angeredet, er wird fast immer mit dem bestimmten Artikel verwendet

Zitat („der Hase“, „das Häschen“).

Die Beschreibungssprache

Wie in allen schriftlichen Arbeiten sind umgangssprachliche oder saloppe Formulierungen nicht zulässig. Erforderlich ist eine sachliche und korrekte Ausdrucksweise. Bei der Textanalyse müssen aber noch weitere Regeln beachtet werden.

- **Zeitform der Gegenwart:**
  Textanalysen und Interpretationen werden im Präsens geschrieben, auch wenn die Texte selbst in der Vergangenheitsform stehen. Text 26 beginnt: „Redluff sah (…), wie sich das Gesicht des Fahrers ärgerlich verzog.“ In der Analyse muss es lauten: Die Kurzgeschichte beginnt damit, dass Redluff fast einen Unfall verursacht.

- **Fachbegriffe:**
  Bei der Beschreibung des Textes sollten möglichst die fachspezifischen Begriffe benutzt werden, weil sie das Gemeinte wesentlich genauer bezeichnen als Wörter der Umgangssprache. Wer die Fachterminologie benutzt, zeigt Distanz zum Text und vermeidet die Gefahr, ihn bloß zu paraphrasieren. Fachbegriffe können beim Leser als bekannt vorausgesetzt werden, sie brauchen nicht erläutert zu werden. Sie sollten keinesfalls in der Klausur definiert werden.

- **Logische Verknüpfung:**
  In einer Textanalyse werden Zusammenhänge zwischen Textelementen hergestellt, Wechselwirkungen aufgezeigt, Schlussfolgerungen gezogen usw. Dies kann nicht durch eine Aneinanderreihung von Hauptsätzen geschehen. Die gedanklichen Zusammenhänge müssen durch die entsprechenden sprachlichen Formulierungen angezeigt werden. Hierzu einige Beispiele:

Folgerung:	Hieraus ergibt sich .../Demzufolge .../ Das lässt erkennen, dass ...
Beleg:	Dies wird deutlich in der Zeile ... Darauf weist auch ... hin
Einschränkung:	Allerdings ist zu berücksichtigen, dass Andererseits .../Dagegen ...
Fortführung:	Darüber hinaus findet sich ... Zudem zeigt sich .../Außerdem ...
Begründung:	Denn .../Da ...

- **Indirekte Redewiedergabe:**
  Wenn Sie Teile des Textes nur sinngemäß wiedergeben, müssen Sie dem Leser klar zu verstehen geben, dass diese Aussagen vom Erzähler oder einer Figur stammen und nicht Ihre eigenen Ansichten sind. – Im folgenden Beispiel wird eine Aussage zu Text 14 so formuliert, als sei es die Meinung des Verfassers der Klausur: „Lilia hat ihr neues Kleid an und sieht erwachsen aus. Sie kann Hase nicht gebrauchen." Gemeint ist aber: „Hase denkt, dass Lilia erwachsen aussieht. Er glaubt, sie könne ihn nicht gebrauchen." Diese Formulierung stellt klar, dass Hases Gedanken referiert werden. – Beachten Sie in solchen Fällen die Regeln für den Gebrauch des Konjunktivs in der indirekten Rede.

- **Zitate:**
  Auf Zitate können Sie in einer Textanalyse nicht verzichten. Sie sind die „Beweisstücke" Ihrer Analyse, die es dem Leser ermöglichen, Ihre Gedanken nachzuprüfen. Deshalb müssen Zitate sorgfältig ausgewählt werden, d.h. sie müssen

  - als Beleg zu Ihrer Aussage passen,
  - exakt dem Wortlaut des Textes entsprechen,
  - grammatisch korrekt mit Ihrer Aussage verknüpft werden.

Außerdem sollten Zitate nicht länger sein, als es für die Beweisführung notwendig ist. Eine Sammlung von Zitaten ist nicht sinnvoll. Ein Zitat kann Begründungen glaubhaft machen, aber es kann keine Begründung ersetzen.

Aufgabe 80

In einer Analyse von Martis Erzählung „Neapel sehen" (Text 30) findet sich folgende Aussage: „Den Hass, den der Mann gegenüber seiner Arbeit verspürt, überträgt er auch auf alle Mitmenschen." Belegen Sie diese Aussage anhand des Textes. Schränken Sie sie gegebenenfalls ein, und ziehen Sie daraus eine Schlussfolgerung.

Aufgabe 81

Vergleichen Sie die Formulierungen in den folgenden Ausschnitten aus verschiedenen Analysen von Text 30.

- Der kranke Arbeiter beauftragt seine Frau, den Nachbarn zu bestellen, damit dieser zwei Bretter aus der Wand entfernt. Dieser Abriss der Wand wird über Wochen weitergeführt, bis die Wand komplett abgebaut ist. Ab Z. 49 tritt eine Veränderung bei dem Arbeiter ein. Jetzt ruht sein Blick „zärtlich" auf der Fabrik. Am Ende hat er ein „Lächeln" auf dem Gesicht.
- In drei kleinen Szenen, zwischen denen jeweils ein Zeitsprung von ein bis drei Wochen liegt, wird erzählt, wie die Hauptfigur die Bretterwand stückweise abreißen lässt. In Z. 49 bezeichnet der Erzähler den Blick der Hauptfigur als „zärtlich". Dies steht in einem scharfen Gegensatz zu der Charakterisierung des Mannes im ersten Teil des Textes (Leitmotiv Hass). Dem Leser wird nun klar, dass in dem Mann eine Veränderung vor sich gegangen sein muss. Ebenso wie das Possessivpronomen („seine" Fabrik) zeigen auch die bildhaften Ausdrücke „Spiel des Rauches" (Z. 51) und „Menschenstrom" (Z. 53) die Zuneigung des Mannes zu seiner Arbeitswelt.

5.4. Lösungsvorschläge zu den Aufgaben „Klausur"

75 Das vorläufige Textverständnis kann recht unterschiedlich sein. Sicher wird sich die Frage stellen, warum der Todkranke unbedingt die Fabrik sehen will, ob Langeweile, Sentimentalität, Angst vor dem Tod oder geistige Verwirrung sein Handeln bestimmen.
Das Vorwissen reicht vermutlich kaum über die angegebenen Fakten hinaus. Wegen der Entstehungszeit könnte man an die Zeit des „Wirtschaftswunders" denken, als nach der unmittelbarer Nachkriegszeit ein ungeahnter Aufschwung das Land erfasste und nur von wenigen Kritik an den wirtschaftlichen und gesellschaftlichen Bedingungen geäußert wurde.
Beim Titel ist Ihnen möglicherweise die Redensart „Neapel sehen und sterben" eingefallen, womit ein Lebensziel gemeint ist, das so groß und einzigartig ist, dass man nach dessen Verwirklichung befriedigt sterben kann.
Den Text kann man nur als Erzählung bezeichnen, weil wesentliche Merkmale der Kurzgeschichte nicht gegeben sind.

76 Die kleine Erzählung besteht aus zwei unterschiedlichen Teilen. In der ersten Sequenz (Z. 1–23) wird der andauernde innere Zustand des Mannes beschrieben und aus seiner Lebenssituation begründet. Ab Z. 24 beginnt die eigentliche Handlung. Diese zweite Sequenz (Z. 24–62) berichtet in vier kleinen szenischen Darstellungen, zwischen denen jeweils Zeitsprünge von ein bis drei Wochen liegen, von dem Geschehen. – Stichwortartig könnte man notieren: 1. Sequenz: Beschreibung des langjährigen Zustandes (Arbeit und Hass); 2. Sequenz: Vier Szenen aus den letzten sechs Lebenswochen (Abriss der Bretterwand).

77 Obwohl auffällige Merkmale fehlen, muss man das Erzählerverhalten als auktorial bezeichnen. Am zweiten und letzten Satz sowie an der Beschreibung von Z. 3–23 wird deutlich, dass der Erzähler das Geschehen aus einer anderen Perspektive sieht als die Hauptfigur, dass er die Zusammenhänge überblickt und gegenüber dem Leser als Vermittler auftritt.
Allerdings hält sich der Erzähler sehr zurück. Er berichtet von dem Geschehen, ohne zu werten und ohne seine Einstellungen darzulegen. Dies fordert den Leser zu einer eigenen Stellungnahme heraus.
Die Geschichte wird kontinuierlich erzählt. Eine Vorausdeutung bzw. Interpretationsanweisung ist allerdings im Titel enthalten. Zu Beginn wird die Situation ausführlich entfaltet und die Handlung kommt zu einem geschlossenen Ende. Aufbauprinzipien sind der Kontrast zwischen der ersten und der zweiten Sequenz und die dreimalige steigernde Wiederholung des Handlungsablaufs in der zweiten Sequenz.
Die Wortwiederholungen und Leitmotive sind sehr auffällig: Das Leitmotiv der ersten Sequenz ist der „Hass"; und beide Sequenzen werden durch die häufig verwendeten Begriffe „Fabrik", „Gärtchen" und „Bretterwand" verknüpft.

78 Bei der Analyse der ersten Sequenz könnten die Merkmale der Hauptfigur (Charakterisierung – Konzeption – Konstellation) und der Satzbau im Vordergrund stehen. Für die zweite Sequenz bietet sich die Untersuchung der Handlungsentwicklung und des Schauplatzes an.
Stichwörter für die erste Sequenz könnten sein: nachdrückliche direkte Charakterisierung (Hass)/typisierter Held, statisch und geschlossen/zentrale Bedeutung der Arbeit/typisierte Nebenfiguren/Wiederholungsstrukturen im Satzbau/Monotonie in Inhalt und Form.
Stichwörter für die zweite Sequenz könnten sein: Wiederholung der Handlungselemente/Gegensatz zwischen Gärtchen und Fabrik/Bretterzaun als Symbol der Trennung/Veränderung

des Helden: dynamisch, offen/indirekte Charakterisierung (Darstellung des Verhaltens)/abweichende Wortwahl in Z. 49–54 (Gefühle).

Die folgende Analyse kann zum Vergleich dienen. Beachten Sie, dass es für die Deutung Spielräume gibt. So könnte man den versöhnlichen Schluss und den Titel auch ironisch verstehen.

Analyse des Textes „Neapel sehen" von Kurt Marti.

A.
Die kurze Erzählung „Neapel sehen" von Kurt Marti wurde 1960 veröffentlicht, also zu einer Zeit, als das Wirtschafts- und Gesellschaftssystem der Bundesrepublik Deutschland infolge des „Wirtschaftswunders" auf breite und unkritische Zustimmung stieß. Der Text handelt vom Leben und Sterben eines Fabrikarbeiters. Beim ersten Lesen hat mich das Verhalten der Hauptperson am Schluss überrascht und nachdenklich gestimmt. Mir scheint es ein Widerspruch zu sein, dass der Arbeiter vor seinem Tod unbedingt die verhasste Fabrik sehen will.

B. 1.
Die Geschichte wird in der Er-Form erzählt. Der Erzähler tritt nicht auffällig in Erscheinung, aber er vermittelt dem Leser die notwendigen Zusammenhänge und weist an verschiedenen Stellen auf die Bedeutung des Geschehens hin: „Die Bretterwand entfernte die Fabrik aus seinem häuslichen Blickkreis" (Z. 1 ff.) oder „Dann wurde er krank, nach vierzig Jahren Arbeit und Haß zum ersten Mal krank" (Z. 24 f.). Trotz seines grundsätzlich auktorialen Verhaltens verzichtet der Erzähler ganz auf Kommentare und Bewertungen. Der Leser muss selbst die Schlussfolgerungen ziehen.
Ich möchte den Text in zwei Erzähleinheiten gliedern: Im ersten Teil (Z. 1–23) beschreibt der
79 Erzähler das Leben bzw. Fühlen eines Fabrikarbeiters während eines relativ langen Zeitraums. Diese Sequenz unterscheidet sich auch stilistisch von dem Rest der Erzählung. – Im zweiten Teil (Z. 24–62) wird demgegenüber von einer Handlung berichtet, nämlich dem schrittweisen Abreißen einer Bretterwand. Diese Sequenz besteht aus mehreren sehr kurzen Szenen und umfasst insgesamt einen Zeitraum von ca. sieben Wochen.

B.2. a
In der ersten Sequenz wird die Situation der Hauptfigur dargestellt. Von der dritten bis zur dreiundzwanzigsten Zeile beschreibt der Erzähler deren Leben, wobei Gefühle und Einstellungen im Vordergrund stehen. Es werden keine Angaben wie Alter, Name usw. gemacht. Die Figur, die nur als „er" bezeichnet wird, bleibt weitgehend anonym. Der Leser erfährt lediglich, dass „er" verheiratet ist und sich durch Akkordarbeit in einer Fabrik Haus und Garten erarbeitet hat. Auch die Nebenfiguren sind nicht mit individuellen Zügen ausgestattet, sie werden ausschließlich durch ihre Beziehung zur Hauptfigur charakterisiert, z. B. als „der Meister" oder als „seine Frau". Durch diese starke Typisierung erscheint das Geschehen übertragbar und erhält eine gewisse Allgemeingültigkeit. Hierzu passt, dass keine konkreten Orts- und Zeitangaben gemacht werden, sodass die Geschichte ihre Aktualität bis heute behalten hat.
Die Charakterisierung der Hauptfigur konzentriert sich ganz auf die hasserfüllte Beziehung des Mannes zu seiner Umwelt. In einer Reihe parallel gebauter Sätze, die zehnmal mit den Worten „Er haßte …" anfangen, wird dem Leser das entscheidende Persönlichkeitsmerkmal ganz nachdrücklich vor Augen geführt. Der Hass des Mannes bezieht sich zunächst auf seine Arbeit und die Arbeitsumstände (Akkord). Dies ist nachvollziehbar, da im Text mehrfach auf die gesundheitliche Beeinträchtigung durch die Akkordarbeit hingewiesen wird: „Aber die Hände zuckten weiter im Schlaf (…)" (Z. 13 f.), „Akkord ist nichts mehr für dich" (Z. 16 f.).

Darüber hinaus steht der Mann aber auch allen genannten Figuren ablehnend gegenüber, sofern sie ihn auf die gesundheitlichen Folgen seiner Arbeit aufmerksam machen. Die Begründung dafür findet sich in der Aussage: „(…), er wollte keinen kleineren Zahltag, denn immer war das die Hinterseite von so viel Rücksicht (…)" (Z. 21 ff.). Für einen höheren Verdienst („Akkordprämie") nimmt er also schlechte Arbeitsbedingungen in Kauf, er verschlechtert sie selbst sogar noch weiter, indem er das Tempo der Maschine beschleunigt (Z. 6 f.). „Wohlstand (…) Haus und Gärtchen" scheinen ihm ein angemessener Lohn für vierzig Jahre Arbeit und Hass (vgl. Z. 22 f.) zu sein.
Neben dieser Lebens- bzw. Arbeitseinstellung der Hauptfigur wird in der ersten Textsequenz noch auf einen Gegenstand hingewiesen: die „Bretterwand" zwischen Fabrikareal und Garten. Der Erzähler hält sie für so wichtig, dass er bereits im ersten Satz auf sie zu sprechen kommt. Die räumlichen Gegebenheiten in dieser Geschichte sind so konstruiert, dass das Haus mit dem Gärtchen direkt an das Fabrikareal grenzt. Deswegen kann der Mann eine Bretterwand dazu benutzen, um die Arbeitswelt aus seinem Privatleben auszusperren. Sie symbolisiert seinen Versuch, Arbeitswelt und Privatsphäre strikt zu trennen. Dass dies aber nicht gelingt, wird schon daran deutlich, dass seine Hände nachts „im schnellen Stakkato der Arbeit" zucken (Z. 13 ff.).
Die Auswirkung der Akkordarbeit wird auch durch stilistische Mittel unterstrichen. Die gleichförmig beginnenden, unverbundenen Sätze spiegeln die Monotonie und das „Stakkato". Eintönigkeit geht auch von den vielen anderen Wortwiederholungen aus („Fabrik", „Gärtchen", „Bretterwand").

B. 2.b
In der zweiten Sequenz von Zeile 24 bis 62 wird im Gegensatz zum beschreibenden ersten Teil eine Handlung erzählt, in deren Verlauf sich die Hauptfigur verändert. Dies vollzieht sich in vier sehr kleinen Szenen, die durch Zeitsprünge (drei Wochen, eine Woche, zwei Wochen) voneinander abgehoben werden.
Die erste Szene zeigt den Beginn der Krankheit, wobei im Wesentlichen mitgeteilt wird, welche Aussicht der Bettlägerige hat, nämlich auf „den Frühling im Gärtchen und seine Wand aus gebeizten Brettern" (Z. 25 ff.). In den folgenden drei Szenen entwickelt sich das Geschehen jeweils nach dem gleichen Muster: Der Mann beklagt sich über die beschränkte Aussicht und lässt die Wand stückweise entfernen, sodass er am Ende „das gesamte Fabrikareal" sieht. Danach wird nur noch in einem Satz von seinem Tod berichtet. Da der Erzähler aus der gesamten Zeit der Krankheit nur diesen Vorgang für mitteilenswert hält und ihn in geringer Abwandlung dreimal hintereinander erzählt, darf man vermuten, dass er eine symbolische Bedeutung hat.
Da in diesem Teil der Geschichte die Gedanken und Gefühle nicht mehr direkt wiedergegeben werden, muss der Leser die Gründe für diese Demontage der Bretterwand erschließen: Zunächst wird die Hauptfigur auf die „schöne", d.h. die private Seite ihres Lebens beschränkt – von Zeile 35 bis 39 ist allein dreimal von ihrem „Gärtchen" die Rede. Mit fortschreitender Zeit wird ihr diese Beschränkung als Mangel bewusst, sodass sie sich über die Langeweile und fehlende Ablenkung beklagt (Z. 33–42). In der folgenden Szene wird dann deutlich, dass es dem Mann nicht um irgendeine Ablenkung geht, sondern dass er genau diese Fabrik sehen will. Er betrachtet sie zärtlich, und der Erzähler benutzt erstmalig das Possessivpronomen („auf seiner Fabrik"). Diese neue Einstellung manifestiert sich in den einzigen bildhaft ausgeschmückten Stellen dieses Textes: „(…) das Spiel des Rauchs über dem Schlot, (…) das Ein des Menschenstromes am Morgen (…)" (Z. 51 ff.).
In der Hauptfigur hat sich ein grundlegender Wandel vollzogen. Aus dem Hass, dem Leitmotiv der ersten Sequenz, ist Zuneigung geworden. Auch das unkontrollierbare Zucken (vgl. Z. 11 ff.) scheint überwunden zu sein, denn nun entspannt „ein Lächeln die Züge des Kranken" (Z. 60 f.). Diese Versöhnung mit seiner Arbeit kommt für die Hauptfigur allerdings viel zu spät: Sie stirbt kurz darauf.

C

Abschließend sei noch auf den Titel der Geschichte hingewiesen, der auf eine bekannte Redensart anspielt und dadurch schon das Ende vorwegnimmt. „Neapel sehen und sterben" – damit ist gemeint, dass man getrost sterben kann, wenn man sich einen besonders großen und schönen Wunsch erfüllt hat. Hier erscheint paradoxerweise die lebenslang gehasste Fabrik als Ziel aller Sehnsüchte.
Diese kurze Erzählung möchte ich daher zusammenfassend als einen Erkenntnisprozess deuten, der sich in den letzten sieben Lebenswochen eines Akkordarbeiters vollzieht. Im ersten Teil wird gezeigt, wie (vergeblich) versucht wird, die verhasste Arbeitswelt aus dem Privatleben, „dem häuslichen Blickkreis", auszusperren. Arbeit wird nur verstanden als notwendige Quälerei zur Erreichung materieller Lebensziele. Erst mit der erzwungenen und wachsenden Distanz zu seiner Arbeitswirklichkeit beginnt der Held dieser Geschichte die Arbeit in „seiner Fabrik" als Bestandteil seines Lebens zu erkennen. Er hebt die symbolische Trennung der ohnehin untrennbaren Bereiche auf. Tragisch ist, dass dies nicht schon früher, während seiner Berufstätigkeit gelingen konnte. Aber das war aufgrund der inhumanen Arbeitsbedingungen, denen sich der Mann unterworfen hat und die ihn zerstört haben, nicht möglich.
Die Widersprüche im Verhalten der Hauptfigur und die Fragen, die nach dem ersten Lesen aufgeworfen werden, regen beim Leser einen Denkprozess an. Am Schicksal dieser Figur wird erkennbar, dass die Arbeit ein entscheidender Teil eines erfüllten Lebens ist und sie daher unbedingt so gestaltet sein sollte, dass sie lebens- und erlebenswert ist.

80

Den Hass, den der Mann gegenüber seiner Arbeit verspürt, überträgt er auch auf alle Mitmenschen. *(Beleg:)* Dies zeigt sich deutlich in den gleichförmigen Sätzen: „Er haßte seine Frau, (…) Er haßte den Arzt, (…) Er haßte den Meister, (…)" (Z. 10 ff.) *(Einschränkung:)* Zwar muss man berücksichtigen, dass sich diese Aussagen auf Situationen beziehen, in denen die anderen ihn auf die gesundheitlichen Auswirkungen der Akkordarbeit hinweisen, aber andere Situationen werden in der ersten Sequenz gar nicht beschrieben. *(Folgerung:)* So wird dem Leser verdeutlicht, wie die Arbeitswelt die menschlichen Beziehungen bestimmt.

81

Im ersten Beispiel wird lediglich das Geschehen wiedergegeben. Der Verfasser äußert sich über die Geschichte, als wäre sie in der Realität passiert. Der Text wird nicht beschrieben, seine Bedeutung und Wirkung werden nicht untersucht. Diese Darstellung entspricht daher nicht den Anforderungen an eine Textanalyse.
Im zweiten Beispiel hingegen werden begründete Aussagen über den zu analysierenden Text gemacht. Die Textmerkmale werden beschrieben und untereinander in Beziehung gesetzt. Dabei werden die fachspezifischen Begriffe benutzt, und die Beschreibungen werden durch knappe und zweckmäßige Zitate belegt. Aus den beschriebenen Textelementen wird folgerichtig die Deutung entwickelt. Der Leser dieser Textanalyse kann den Verstehensprozess gut nachvollziehen und nachprüfen.